RENÉ MEINERT

VOM HAUPTSCHÜLER ZUM MULTI-MILLIONÄR

Geschrieben von Dariusz Wiese und René Meinert

Nicht quatschen … sondern machen!

1. Auflage
Originalausgabe Oktober 2023
Copyright © 2023: Dariusz Wiese und René Meinert, Las Vegas
7575 W Washington Ave, Suite 127-113, Las Vegas, NV 89128, Vereinigte Staaten
Autor: Dariusz Wiese und René Meinert
Fotos: René Meinert, privat
Covergestaltung: Mandy Wiese
ISBN Print: 9798859798193

Besuche René Meinert online

Homepage: www.Rene-Meinert.com

Facebook: René Meinert

YouTube: Las Vegas Live Stream mit René

Instagram: @rene_meinert

Alle Rechte, vor allem das Recht auf Vervielfältigung und Verbreitung sowie der Übersetzung, sind vorbehalten. Jegliche Form der Reproduktion (durch Fotokopie, Mikrofilm oder ähnliche Verfahren) ohne schriftliche Genehmigung der Autoren ist ausgeschlossen. Auch die elektronische Speicherung, Verarbeitung sowie die unerlaubte Verbreitung sind untersagt.

Die im Buch erwähnten Gegebenheiten spiegeln die persönlichen Erfahrungen René Meinerts wider. Die erwähnten Ratschläge wurden sorgfältig geprüft. Eine Garantie übernehmen die Verfasser nicht. Die Haftung der Verfasser für Personen-, Sach- und Vermögensschäden wird ausgeschlossen.

INHALT

Vorwort 1
MEIN ERSTES LEBEN 7
Ausbildung zum Industriemechaniker oder doch Millionär? 7
Berni 11
Meine erste eigene Wohnung 13
Handys verschenken und dabei Geld verdienen - die erste große Kohle 15
Wo ein Kläger, da ein Richter: Das Arbeitsamt 19
Spielverderber Bundeswehr 27
Kreative Pause 29
Das Kapitel, das alles änderte 33
Mein "Haus" am See 37
FotoPreisSturz Limited 43
Die Abmahnwelle 47
Wir werden Partner! 51
Es kommt immer anders, als man denkt! 57
Mein erstes richtiges Ladengeschäft 71
Mein Traumauto 75
Diebstahl mit Folgen 77
Die Gier des Finanzamts 87
Unangenehme Erfahrungen und Urteile 91
Spike, der "BÖSE Kampfhund" 101
Umzug ins Großlager 105
USA Investment - Der Grundstein meines heutigen Lebens ... 119
Vorbereitung zur Auswanderung 127
Mein besonderes Abschiedsgeschenk 129

INHALT

MEIN NEUES LEBEN **135**

Auswanderung in die USA *135*
Millionär sucht Traumfrau *145*
Ja, ich will! *157*
Das schöne neue Leben - unser Leben *165*
Deutschsprachige Las Vegas Touren *169*
Horror-Besuch in Deutschland *173*
Irgendwie überleben *177*
Das Ende naht *179*
Der Currywurst-Mann *181*
Ende vom Lied (oder Leid) *189*

MEIN NEUBEGINN **195**

Ein neues Projekt und die perfekte Ablenkung *195*
Mein neues Hobby *201*
Ende gut, alles gut: Nun bin ich Multi-Millionär *207*
Das Schlussplädoyer *211*

Vorwort

"Juten Tach!" aus der wohl verrücktesten Stadt der Welt - Las Vegas!

Gleich vorweg: Ja, der Buchtitel ist vielleicht etwas provokant und der ein oder andere denkt sich eventuell: "Ist klar!" Aber warum die Wahrheit schon im Buchtitel beginnt und weshalb dieser Weg gleichzeitig nicht so vorhersehbar und einfach war, erzähle ich euch jetzt endlich Step by Step. Wer mich kennt, weiß genau: Langweilig wird's nicht. VERSPROCHEN!

Auf jeden Fall freue ich mich über jeden, der sich dazu entschieden hat, mehr über mich und die ein oder andere Anekdote aus meinem Leben zu erfahren. Manche sind witzig, einige traurig und aus allen habe ich etwas lernen können.

Weil ich mittlerweile fast täglich dieselben Fragen gestellt bekomme, habe ich beschlossen, das Ganze nun ein für alle Mal schwarz auf weiß festzuhalten - sozusagen ganz amtlich. Für diejenigen, die glauben, dass mir mein schönes neues Leben so zugeflogen ist, ich jeden Tag von Luft und Liebe lebe und bei mir die Dollar-Scheine von den Palmen in den Pool fallen, sei nur gesagt: schön wär's.

Das Buch zeigt, woher ich komme. Und damit meine ich nicht Berlin Neukölln, sondern wie meine Einstellung und die Voraussetzungen waren, noch bevor ich zu dem wurde, der ich heute bin. Und somit auch, was ich auf diesem Weg getan, durchgestanden und erlebt habe. Es hört sich teilweise so an, als ob ich fünf Leben durchlebt habe, aber es war tatsächlich alles so, wie ich es hier erzählen werde.

Meine grundlegende Einstellung ist, dass ich nicht lüge. Somit brauche ich auch hier in diesem Buch nichts schönreden oder extra zu dramatisieren. It is what it is.

Für die, die mich noch nicht kennen: Mein Name ist René Meinert, ich habe es vom Hauptschüler zum Multi-Millionär geschafft und lebe aktuell in der wohl verrücktesten und gleichzeitig geilsten Stadt der Welt - Las Vegas (Nevada, USA). Meinen überschaubaren Bekanntheitsgrad im deutschsprachigen Raum, erlangte ich durch zahlreiche TV-Reportagen und diverse Presseberichte mit dem Hauptthema: "Ein deutscher Auswanderer in Las Vegas". Der Erfolg und Weg, den ich bisher gegangen bin, war so gar nicht leicht vorauszusehen. Und manchmal frage ich mich selber, wie ich das eigentlich alles geschafft habe. Nicht, weil es mir zugeflogen ist und nach dem Motto "Huch, wie ist denn diese Million auf meinem Konto gelandet?" Sondern, weil es mir gelungen ist, die schweren Zeiten durchzustehen und stets einen kühlen Kopf sowie eine positive Lebenseinstellung zu bewahren.

Dieses Buch spiegelt meine Erlebnisse und Eindrücke aus meiner ganz eigenen und persönlichen Sichtweise wider.
Ich erzähle euch meine Lebensgeschichte - knallhart, ungeschönt und ohne "Schnullibulli". Denn zum Schönreden bin ich nicht geboren - wer mich kennt, der weiß das bereits.

Dieses Buch dient nicht nur dazu, meine Geschichte nicht ständig wiederholen zu müssen. Es ist auch dazu da, sie auf ewig festzuhalten. Denn ich bin mir sicher, dass ich viele Dinge mit der Zeit vergessen werde und das wäre echt schade.

Aber was viel wichtiger ist: Ich möchte, dass jeder von euch die Möglichkeit hat, aus meiner Geschichte auch etwas zu lernen. Lernen, wie man aus dem Nichts und trotz nicht besonders guter Voraussetzungen, etwas erreichen kann. Mit dem Mut, die richtigen Entscheidungen zu treffen, auch wenn es manchmal weh tut und mit dem Glauben an sich selbst. Durch meine eigenen Erfahrungen habe ich festgestellt, dass eine großartige Schulbildung, ein grandioses Abitur und auch ein langes Studium überhaupt nichts darüber aussagen, ob man erfolgreich wird. Es ist toll! Ja, wirklich bewundernswert und zahlreiche Menschen, die diesen Weg gehen, beweisen auch, dass es sich lohnen kann. Aber ich empfehle jedem, sich einmal in seinem Freundeskreis umzuschauen, wie viele Menschen wirklich erfolgreich sind. Meist sind es nicht viele. Und was haben die Erfolgreichen von ihnen gemeinsam? Einen tollen Schulabschluss? Oder sind es doch eher bestimmte Eigenschaften und Überzeugungen?

Meine Geschichte hat mich gelehrt, dass es viel mehr ist:

1. Den Willen zu haben, etwas zu erreichen und sich Ziele zu setzen.

2. Den Mut zu haben, etwas anzupacken, ganz nach meinem Motto: "Nicht quatschen ... sondern machen!"

3. Zum richtigen Zeitpunkt, auch die richtigen Entscheidungen zu treffen. Ja, etwas Glück kann dabei natürlich trotzdem nicht schaden.

Und besonders wichtig: sich an Menschen zu orientieren, die bereits erfolgreich sind.

Ich kann inzwischen stolz verkünden, dass ich so jemand bin. Ob sich jemand ein Beispiel an mir persönlich nehmen will oder nicht, bleibt jedem selbst überlassen. Aber ich kann für mich sagen, dass alles, was ich erreicht habe, auf ehrlicher, harter Arbeit basiert und ich niemanden dafür betrügen oder verarschen musste. Trotzdem soll das Buch absolut der Unterhaltung dienen. Und das wird es auch, versprochen!

Gleichzeitig freue ich mich, wenn es bei dem ein oder anderen auch das Interesse weckt, endlich gutes Geld zu verdienen und jedem einzelnen von euch vermitteln kann, dass ein schöner Lebensstandard absolut kein Ding der Unmöglichkeit ist.

Ich bin bis heute der festen Überzeugung, dass das jeder erreichen kann, wenn er nur wirklich will.

Wer mich bereits kennt, weiß, ich bin schon unzählige Touren gefahren und hunderte Kilometer während meiner Livestreams durch Las Vegas gelaufen. Doch heute biete ich euch eine für mich ganz besonders wertvolle Tour an ...

... die Tour durch mein Leben. Viel Spaß!

MEIN ERSTES LEBEN

Ausbildung zum Industriemechaniker oder doch Millionär?

"Ich bin ein Millionär." Ich wusste es. Die anderen nur noch nicht. Und ehrlich gesagt: Der Kontostand hat auch lange Zeit nicht zu meiner Überzeugung oder meinem persönlichen Wunschdenken gepasst. Doch tief im Inneren war mir schon immer bewusst, dass ich das schaffen kann und auch schaffen muss. Es war einfach nur eine Frage der Zeit. Wie so vieles im Leben ...

Eins kann ich vorab verraten: Ich habe mein Ziel tatsächlich erreicht und ihr erfahrt hier detailliert, wie man so etwas allein durch Fleiß, mit einem klaren Ziel und Durchhaltevermögen schaffen kann. Meine finanzielle Freiheit, mein Cash bezahltes Haus mit Pool in einer der schönsten Wohngegenden von Las Vegas - mit gut und gerne 300 Sonnentagen im Jahr zu erreichen, war letztendlich richtig harte Arbeit und alles andere als leicht verdient.

Meine Devise lautete schon immer:

Nicht quatschen ... sondern machen!

Vorab sei noch angemerkt, dass ich mich selbst ab und zu in den Arm zwicken muss, um zu realisieren, wie es hierzu gekommen ist. So hat meine, wie ich inzwischen selber stolz sagen muss, tolle Geschichte begonnen: **Let's go!** ...

"Guten Morgen! Ausbildungsvertrag bitte hier unterschreiben und ach ja: Ihr werdet allesamt nach eurer dreieinhalbjährigen Lehre nicht übernommen." Nur falls sich jemand die Hoffnung gemacht hätte, nach der Ausbildung eine Job-Aussicht zu haben. "Herzlich willkommen bei der Technischen Universität Berlin." Aber der Reihe nach.

Nachdem ich im Sommer 1996 in Berlin Neukölln meinen erweiterten Hauptschulabschluss abgeschlossen habe, stellte sich die Frage: "Was willste werden, René?" Um ehrlich zu sein, war meine schulische Ausbildung nun nicht gerade die Beste. Woran das lag, liegt klar auf der Hand.

Erstens: Ich hatte noch nie richtig Bock auf Schule, zweitens: Ich war neben meiner Lehrerin - ungelogen und ohne es diskriminierend zu meinen - der einzige Deutsche in meiner Klasse. Nicht falsch verstehen, aber das Bildungsniveau einer Hauptschule, der Fakt, dass 50% der Schüler in meiner Klasse lediglich gebrochenes Deutsch sprechen konnten, sind nun nicht gerade ideale Voraussetzungen.

Seit meiner Kindheit faszinieren mich Flugzeuge und deshalb habe ich mich als Fluggerätemechaniker bei der Lufthansa beworben. Parallel jedoch auch als Industriemechaniker bei der TU Berlin, falls das mit der Lufthansa doch nicht klappen sollte. Es kam so, wie es kommen sollte. Den Einstellungstest bei der Lufthansa habe ich ordentlich versemmelt und bekam zum Schluss einen Ausbildungsplatz bei der TU Berlin.

Mein Vater sagte immer zu mir: "Lerne einen handwerklichen Beruf, dann kommste auch weiter im Leben!" Gesagt, getan. Ich hab' die Nummer tatsächlich bis zum Schluss durchgezogen. Ganze dreieinhalb Jahre. Aber es war für mich wirklich nicht einfach gewesen. Denn ich bin vieles: Mittlerweile Tourguide in Las Vegas, ziemlich erfolgreich mit dem was ich mache, finanziell unabhängig, aber definitiv nicht dafür geboren, um täglich von 7 bis 16 Uhr in einer Werkshalle zu stehen und Maschinen zu bedienen. Das ist auch nicht negativ gegenüber denjenigen gemeint, die das tun. Denn jemand muss es ja machen, aber mein Ding war es eben nicht.

Um es mal mild auszudrücken: Ich war in meiner Lehrzeit sehr oft krankgeschrieben. Mein Zwischenzeugnis der Berufsschule war voll mit vieren und fünfen und zusätzlich gab es darauf unter anderem den Vermerk: "Das Ausbildungsziel ist gefährdet." Ich glaube, es war sogar "stark gefährdet". Mir wurde deshalb schnell klar, dass die Ausbildung zum Industriemechaniker (Fachrichtung Feinwerk und Gerätetechnik) mich im Leben wohl nicht da hinbringen wird, wo ich hin möchte.

Schon in meiner Schulzeit arbeitete ich deshalb in einem Supermarkt und füllte Regale auf, um damit mein eigenes Geld zu verdienen. Dasselbe habe ich auch neben meiner Lehre getan.

Zwar habe ich dort keine Regale mehr aufgefüllt, aber ich entdeckte im Internet ein potenzielles neues Geschäftsfeld - Laserpointer mit Motivaufsätzen. Diese gab es damals in einem bekannten Auktionshaus - und nein, es war nicht "ebay". Ich kaufte die Laserpointer günstig ein und verkaufte sie immer noch günstig, aber natürlich mit Gewinn weiter. Auf diese Weise überstiegen meine Einnahmen daraus rasch mein Lehrlingsgehalt und es dauerte nicht lange, bis ich monatlich mehr Geld zur Verfügung hatte als meine Mutter. Sie hat ihre Brötchen als Chefarztsekretärin in einem großen Berliner Krankenhaus verdient.

"Wow" dachte ich mir. "So einfach lässt sich Geld verdienen?" Und das auch noch von zuhause. Trotzdem beendete ich erfolgreich meine Lehre bei der TU Berlin. Nun war ich ausgelernter Industriemechaniker und hatte trotzdem irgendwie gar nicht so richtig Lust auf diesen Job.

Generell war die Lehre für mich eine furchtbare Zeit, von der ich noch Jahre später Albträume hatte. Ich träumte häufig von meiner Zukunft, die inzwischen meine Gegenwart ist. Doch dann kam immer der Gedanke dazwischen, dass ich ja zuerst meine Lehre zu Ende bringen muss, bevor ich dorthin komme. Ich wachte schweißgebadet auf. Als ich wach wurde, realisierte ich erst, dass das gerade ein Traum war und ich meine Lehre doch bereits geschafft hatte. Beruhigt dachte ich mir: "Mach' einfach weiter mit dem, was du kannst - gute Geschäfte!" Doch es dauerte ein wenig, bis ich herausgefunden habe, was ich denn tatsächlich besonders gut kann.

Deshalb machen wir einen kleinen Sprung zurück in der Zeit: Strahlende Sonne, gut gelaunte Menschen und türkisblaues Wasser - Kroatien. Hier habe ich super gerne Urlaub gemacht und in dieser Zeit auch mehrere Tauchkurse absolviert - sogar so viele, dass ich zwei Prüfungen davon entfernt war, ein waschechter Tauchlehrer zu werden!
Während meiner Lehre arbeitete ich deshalb sogar zwei Sommerurlaube lang in Kroatien bei einem Kumpel auf einer Tauchbasis, um im Gegenzug als Tauchlehrerassistent ausgebildet zu werden. Die Nummer lief dann aber letztendlich nicht so erfolgreich, wie ich es mir damals vorgestellt habe und somit war das Ziel, Tauchlehrer zu werden, für mich dann auch wieder erledigt. Eigentlich schade, denn es ist schon was Schönes, dort zu arbeiten, wo andere Urlaub machen. Trotzdem bewarb ich mich nach meiner Lehre für eine weitere Ausbildung als Berufstaucher und das sogar deutschlandweit. Glücklicherweise hat aber auch das nicht funktioniert, sonst wäre ich heute wohl nicht da, wo ich jetzt bin. Wer weiß, wie mein Leben dann ausgesehen hätte. Besser? Schlechter? Gute Frage.

Berni

Als dann meine Lehre bei der TU Berlin beendet war, lief leider auch das Laserpointergeschäft nicht mehr so gut. Das lag schlichtweg daran, dass immer mehr Leute diesen Geschäftszweig entdeckten. Das spielte mir trotzdem in die Karten, denn so lernte ich Berni kennen. Berni verkaufte ebenfalls Laserpointer, hatte aber für damalige Zeiten eine mega faszinierende Homepage. Auch wenn es sich in der heutigen Zeit albern anhören mag, aber ich war einfach so begeistert davon, wie man so eine coole Homepage kreieren konnte. Ich wollte das unbedingt auch können: Funkelnder Sternenhintergrund und Star Wars Musik auf einer Webseite - der Wahnsinn! Die Musik wurde genau in dem Moment abgespielt, in dem man die Homepage aufgerufen hat. Für mich absolutes Neuland. Mir war klar: den Typen muss ich irgendwie kontaktieren und fragen, wie das funktioniert.

Wir verstanden uns auf Anhieb sehr gut - ja, sogar so gut, dass ich ihn zu mir nach Berlin Neukölln eingeladen habe. Da ich zu diesem Zeitpunkt noch bei meiner Mutter wohnte und sie gerade Essen zubereitet hat, fragte sie Berni, ob er mitessen möchte. Weshalb ich das so explizit erwähne, hat folgenden Hintergrund: Berni hat noch jahrelang davon gesprochen, wie wir uns kennenlernten und hat dabei niemals vergessen, das Schnitzel meiner Mutter zu erwähnen. Und so entwickelte sich eine jahrelange, feste und wirklich tolle Freundschaft, die mich auch auf den Weg des Erfolges bringen sollte. Doch der Weg zum Erfolg ist lang und steinig. Wo fängt man da bloß an? Wir legten mit der Homepage los. Berni hat mir verraten, dass er die Homepage mit einem Programm namens "FrontPage" gebaut hat. Somit war für mich erstmal der Grundstein gelegt, selber eine Homepage bauen zu können, ohne ein echter Programmierer zu sein. Lektion Nr. 1 erledigt.

Doch der eigentliche Grund für seinen Besuch war mir MLM, also "Multi Level Marketing", auch Network Marketing genannt, zu erklären. Ganz ehrlich: Ich habe wirklich nichts von dem verstanden, was er da faselte. Und ich weiß ganz genau, was viele denken: "So ein Quatsch, alles Betrug, Abzocke" und so weiter ...

Doch weiterlesen lohnt sich, denn damals hat es tatsächlich funktioniert und war nicht von Grund auf darauf ausgelegt, Leute über den Tisch zu ziehen. Heute hört man nur zu oft vom Schneeball- oder Pyramidensystem und dergleichen. Damals war das anders oder ich hatte einfach nur Glück, dass ich an jemanden aus dem Geschäft geraten bin, der tatsächlich seriös war. Mir ist wichtig, dass ich nur Dinge mache, von denen ich selbst fest überzeugt bin. Um es kurz zu machen: Berni hat versucht, mir etwas anzudrehen, wovon ich gar keinen Plan hatte und es eigentlich auch gar nicht wollte. Aber seine Hartnäckigkeit sollte sich doch noch auszahlen.

Einige Wochen später, nachdem ich ihm ganz klar verständlich machte, damit nichts zu tun haben zu wollen, kontaktierte mich Berni jedoch erneut. Wieder mit dem Thema MLM. Diesmal jedoch mit dem Spruch: "Hast du Lust Handys zu verschenken und damit Geld zu verdienen?"

Ich dachte mir: "Sag mal, was ist mit dem kaputt? Wie soll das denn bitteschön gehen? Wieder so eine dubiose Geschichte?" Deshalb wiederholte ich meine klare Antwort: "Nein Danke, kein Interesse." Was es damit auf sich hat und wie die Nummer letztendlich endete, dazu kommen wir noch.

Meine erste eigene Wohnung

Kurze Zeit später bezog ich auch meine erste eigene Wohnung mit 21 Jahren. Schnuckelige 45 Quadratmeter im Berliner Bezirk Zehlendorf, zwei Straßen von meinem Vater entfernt. Warum genau da? Ganz einfach: Ich habe hier einen Teil meiner Kindheit verbracht und deshalb gute Erinnerungen an diese Wohngegend. Ganz im Gegensatz zum Berliner Bezirk Neukölln.

Problem zu dem Zeitpunkt: Ich hatte kein Geld. Meine Lehre war abgeschlossen, das Laserpointergeschäft lief nicht mehr. Und ja, da stand ich nun. An dieser Stelle muss ich auch nochmals sagen:

Danke an meinen Vater, der mich damals unterstützt hat.

Er spendierte mir die erste Wohnungseinrichtung. Er hat mir die Couch, Küche und viele Kleinigkeiten neu gekauft, sodass ich mich in meinen eigenen vier Wänden echt wohlfühlen konnte. Deshalb nochmals auf diesem Wege: Danke Papa!

Ich hatte so wenig Geld, dass ich sogar Wohngeld und eine GEZ-Befreiung beantragt habe, um weiter über die Runden zu kommen. Das Arbeitslosengeld reichte gerade einmal, um die laufenden Kosten bezahlen zu können. Im Innern war da immer dieser Gedanke: "Du musst was machen, womit du Geld verdienst." Aber was nur? "Was verdammt nochmal kannst du machen, René?" Ich habe mir jeden Tag Gedanken gemacht, aber DIE Idee wollte mir einfach nicht einfallen! Das sollte mir später im Leben nochmal so gehen.

Nun war ich irgendwie immer noch in dieser Zwickmühle. Meine Bewerbungen als Industriemechaniker und -taucher bei diversen Firmen in ganz Deutschland, die ich in dieser Zeit geschrieben habe, brachten keinen Erfolg. Niemand wollte mich haben. Deshalb sei mal an dieser Stelle angemerkt:

> **Ein großes Dankeschön an alle, die meine Bewerbung ignoriert haben.**

Denn wer weiß, wie mein Leben heute sonst aussehen würde. Manchmal hat es eben auch etwas Gutes, wenn mal etwas nicht so klappt, wie man es sich vorgestellt hat.

Handys verschenken und dabei Geld verdienen - die erste große Kohle

Wer glaubt, Berni hätte mich in dieser Zeit in Ruhe gelassen: weit gefehlt! Denn er rief mich ständig an und drängte mich dazu, mit dem Prinzip Handys zu verschenken, großes Geld zu verdienen. Nicht dieses "kleine" oder "etwas" Geld, mit dem man auskommt - Berni sprach gleich vom "großen Geld"! Irgendwann reichte es mir und ich sagte Berni endlich zu, mir das genauer anzuhören. Vielleicht auch etwas aus der Situation heraus, weil ich zu diesem Zeitpunkt keine andere Perspektive hatte. Und zu meinem Erstaunen war es tatsächlich genauso, wie Berni es mir erzählt hat. Das Prinzip: "Handys verschenken und Geld verdienen". So simpel und wirklich wahr. Damals war das alles noch möglich:

→ Handy für 0 DM bzw. später 0 €
→ keine Anschlussgebühr und
→ keine monatliche Grundgebühr.

Das einzige, was der Kunde dafür tun musste, war Folgendes: einen Vertrag für zwei Jahre, mit umgerechnet 5 € Mindestumsatz im Monat, zu unterschreiben. Egal ob per SMS, Telefon oder MMS. Aus heutiger und auch aus damaliger Sicht kein schlechter Deal. Und wir sprechen hier auch nicht von irgendeinem "No Name" Handy. Auch wenn es heute für manche lustig klingt, aber die damaligen Handys, wie Nokia 3210 und 3310 waren der absolute Hammer! Die ersten Mobilfunktelefone ohne Antenne. Heute undenkbar, aber das Merkmal "keine herausragende Antenne" war damals ein Knaller-Verkaufsargument!

Während der Kunde für einen Zweijahresvertrag also exakt 120 € ausgab, die er aber abtelefonieren konnte, bekam ich als Vertriebspartner der Net-Com 2000 AG eine Provision von knappen 20 €. Je nach Menge der geschriebenen Verträge und meinem Status als Vertriebspartner waren bis zu 100 € Provision pro Vertrag drin. Je mehr Verträge man abschloss und je fleißiger man war, umso höher wurde man Monat für Monat eingestuft. Typisches Network Marketing eben. Die, die zuerst dabei sind und schnell nach oben steigen, verdienen auch dementsprechend. "Eigentlich gerecht", dachte ich mir, denn derjenige, der den Mut hat, soll dafür auch belohnt werden. Das Erlebnis, die ganze Erfahrung und diese komplette Zeit prägen im Übrigen bis heute mein gesamtes Leben.

Sei fleißig und du wirst dafür belohnt.

Wie viele von euch bin auch ich natürlich total misstrauisch. Gerade bei sowas wie Network Marketing und Dingen, mit denen man vorher noch nie etwas zu tun hatte. Doch Ängste und Ungewissheit entstehen oftmals nur durch zu wenige Informationen und Erfahrung. Deshalb habe ich mich selbst für 37,50 € Startgebühr als Vertriebspartner eingeschrieben und zwei Handyverträge ausgestellt - einen für mich selbst und einen für den Bruder meiner Tante. Und tatsächlich! Die Handys wurden mit SIM-Karte ausgeliefert und man konnte damit telefonieren. Obendrauf erhielt ich im nächsten Monat zweimal 20 € Provision. Es war also klar: "Das System funktioniert wirklich!"

Von hier an war ich nicht mehr zu bremsen. Bereits im zweiten Monat lag mein Verdienst bei 1.206 €, im dritten Monat bei 3.724 €. Unglaublich viel Geld! Vor allem weil ich vorher noch nie richtig viel Schotter verdient hatte, außer nebenbei mit den Laserpointern.

Der Verdienst stieg mit der Zeit immer mehr an. Doch das Geld kam mir nicht einfach so zugeflogen. Ich tat alles dafür und stellte mich mit einem Promotionstand und Handzetteln, ganz Oldschool, Tag für Tag in Berlin an der Warschauer Brücke zwischen einem U- und S-Bahnhof auf die offene Straße und sprach jeden möglichen Passanten an, ob er nicht ein Handy geschenkt bekommen möchte. Ich habe sogar eigene, bunte Werbezettel kreiert, ausgeschnitten und verteilt. Die originalen Flyer der Vertriebsfirma musste man kaufen und dafür fehlte mir anfangs einfach das Geld. Auch hier lernte ich von der Pike auf:

Einfach selber machen, bevor man gar nichts macht.

Auch das sollte mich ein Leben lang, im Übrigen bis heute, begleiten. Nicht quatschen ... sondern machen!

Nachdem ich monatelang, hunderte Verträge abgeschlossen und zahlreiche, weitere potentielle Vertriebspartner unter mir eingeschrieben habe, kamen irgendwann selbst die hartnäckigsten Zweifler an meinen Promotionstand und sagten wortwörtlich zu mir:

"So, jetzt habe ich die Schnauze voll! Sie stehen hier jeden Tag, quatschen mich täglich an - was ist das hier genau?"

Naja und was soll ich sagen? Das Ende vom Lied war, dass selbst die größten Skeptiker bei mir unterschrieben haben und mir wahrscheinlich bis heute für diesen coolen Handyvertrag dankbar sind, denn es war ein wirklich tolles Angebot. Ganz ohne Abzocke.

Wenn das hier also jemand lesen sollte, den ich damals mit den Handyverträgen "belästigt" habe, dem möchte ich hier nochmal sagen: Bitteschön, ich habe es sehr gerne gemacht und ich hoffe, dass auch Sie zufrieden waren. Falls ja, kontaktieren Sie mich doch gerne mal. Meine Hartnäckigkeit und die konsequente Arbeitsweise haben sich bezahlt gemacht.

Wo ein Kläger, da ein Richter: Das Arbeitsamt

Zu dieser Zeit war ich nicht nur auf einmal erfolgreich, sondern auch offiziell arbeitslos. Selbstverständlich habe ich das Ganze nicht hinterrücks durchgezogen - das ist nicht meine Art. Mein Fluch ist allerdings, dass ich oftmals unterschätzt werde. Und so unterbreitete ich dem Arbeitsamt nach einigen Wochen Promotionserfahrung meine Idee, mit dem Handygeschäft wieder in das Arbeitsleben einzusteigen. Die Aussage vom Arbeitsamt: "Multi Level Marketing ist kein Beruf. Was soll das überhaupt sein? Das kann ja gar nicht funktionieren! Also, ich persönlich würde Ihnen zwar davon abraten, aber machen Sie mal." Kurz gesagt, die Situation wurde nicht ernst genommen. Aber eins hat das Arbeitsamt eben auch gesagt: "Machen Sie mal". Sowas lässt sich René nicht zweimal sagen. Was habe ich also getan? Natürlich losgelegt, denn ich wusste ja bereits, dass es funktioniert.

Was soll ich sagen? Einen Monat später lag mein Verdienst bei 5.891 €. Daraufhin bin ich wieder zum Arbeitsamt gegangen, denn mir war klar, dass das so nicht lange weitergehen kann. Dort habe ich die Selbständigkeit offiziell bekannt gegeben und bin im zweiten Schritt zum Gewerbeamt, um mein Gewerbe rückwirkend anzumelden. Ganz nach dem deutschen Motto: "Ordnung muss sein".

Wer meine Einstellung zu deutschen Behörden kennt, weiß auch, dass das eine meiner prägendsten Erfahrungen werden sollte und dass diese nicht immer nett zu einem sind.

Ehrlichkeit wird nicht immer belohnt und das sollte ich auch genauso zu spüren bekommen. Denn schon kurz nach der Gewerbeanmeldung bekam ich Post vom Arbeitsamt. Der Vorwurf: Ich hätte zu Unrecht Arbeitslosengeld bezogen und solle das nun zurückzahlen. Über das Gespräch mit "Machen Sie mal" hatte ich natürlich keinen Nachweis und stand nun ziemlich blöd da. Tja, doof gelaufen. Selbstverständlich habe ich den Betrag gleich zurückgezahlt und dachte, damit sei die Angelegenheit erledigt - weit gefehlt! Da die Summe einen bestimmten Betrag überschritten hat, wurde vom Arbeitsamt automatisch ein Verfahren gegen mich eingeleitet. "Na dankeschön", dachte ich mir. Aber vielleicht hat das Glück mich nicht ganz verlassen. Bei dem Verfahren habe ich mich vom Anwalt meines Vertrauens beraten lassen. Woher ich ihn kannte und welche spannende Geschichte uns beide verbunden hat, erzähle ich noch im nächsten Kapitel.

Doch in diesem Teil der Geschichte hat er mir wohl viel mehr damit geholfen, dass er unbeabsichtigt mit Abwesenheit glänzte. Denn am Tag der Gerichtsverhandlung beim Amtsgericht Berlin Tiergarten verspätete sich mein Anwalt und so musste ich ganz alleine in den Gerichtssaal treten. Ich stand das erste Mal vor Gericht, obwohl ich doch eigentlich gar nichts verkehrt gemacht habe. Mein Anwalt rief mich vorher an, um mir mitzuteilen, dass er sich verspäte und instruierte mich, auf gar keinen Fall etwas zu sagen, bevor er selbst vor Ort ist. Mein Auftrag war also klar: "Ich sage nichts ohne meinen Anwalt!"

Der Richter wollte mich aufgrund der Verzögerung gerne vorher befragen, doch ich blieb standhaft. Als mein Anwalt allerdings erneut bei Gericht eine weitere Verspätung ankündigte, der Richter aber aufgrund der vielen weiteren Fälle endlich fertig werden wollte, bat er mich nochmal höflich, die Dinge aus meiner Sicht zu schildern. Ich dachte mir: "Okay, na dann eben volles Risiko!" und es kam zum absoluten Showdown.

Ich schilderte die Gegebenheiten aus meiner Sicht. Die Frau vom Arbeitsamt wurde ebenfalls befragt: Sie konnte jedoch nicht eine einzige belastbare Aussage zu meinem Fall treffen. Ganz im Gegenteil: Als sie auf die Frage "Kennen Sie Herrn Meinert überhaupt?" mit "Nein" antwortete, wurde der Richter natürlich skeptisch. Die Frau gab außerdem bekannt, dass sie die Akte erst heute früh auf den Tisch bekommen hat. Sie kannte weder die Aktenlage, noch mich persönlich, geschweige denn den Fall oder irgendeinen relevanten Hintergrund und wusste eigentlich nicht einmal, worum es überhaupt ging.

Da ich weder Schulden beim Arbeitsamt hatte, noch die Frau mich kannte, schlug der Richter kurzentschlossen die Einstellung des Verfahrens vor und alle Parteien zeigten sich einverstanden.

Und mein Anwalt ... Tja, der schaute nicht schlecht, als er ankam und der Job bereits erledigt war. Das war meine erste Erfahrung vor Gericht. Hammer!

Das Geschäft mit den Handys lief gut. Sogar so gut, dass ich im achten Monat nach Beginn der Tätigkeit schon mit 10.454 € nach Hause ging. Für mich einfach unglaublich!

Zwischenzeitlich lief mir ein alter Kollege aus meiner Lehrzeit auf der Warschauer Brücke über den Weg. An seine netten Worte erinnere ich mich noch heute: "Hmm ... Das ist also aus dir geworden René - ein Handyvertreter, der auf der Straße steht. Ich habe gerade mein Studium als Ausbilder an der Freien Universität Berlin begonnen." Das fiese Lächeln auf seinen Lippen ist mir bis heute in Erinnerung geblieben. Ich dachte mir nur: "Warte du mal ab. Ich werde ganz bestimmt nicht bis 65, 67 oder 69 irgendwo in einer Werkshalle stehen und für andere arbeiten. Wer zuletzt lacht, lacht am besten", hieß es doch immer so schön, oder ...?

Als Hauptschüler muss man sich eben so einiges gefallen lassen und anhören, denn es wird oftmals nicht viel von einem erwartet. Das mag sich in den meisten Fällen auch bestätigen.

... und die Welt wird mobiler.

net-com 2000 AG Gustav-Weißkopf-Str. 3 D-99092 Erfurt

Herr
Meinert Rene

D-14165 Berlin

Reklamationen zu Abschlußprovsionen unter:
Tel.: 0361-77855-200 Fax: 0361-77855-320
Reklamationen zu Gebührenbeteiligung unter:
Tel.: 0361-59426-50 Fax: 0361-59426-59

Abrechnung: 04.2001-1

VP-Nummer:		Upline:	
Geb.-Datum:		Upline VP-Nummer:	HAU270482
Titel:	Vertriebsleiter	Austritt:	

Bezüge	Betrag	Einheiten	Produktion	Abgang	Qualität %
Saldo Vormonat	0,00	Eigen			
Provision ohne USt.	0,00	laufd. Monat	380,70	0,00	0,00
Provision-StSchl-1	17555,95	Additiv	1427,70		
Provision-StSchl-2	0,00				
		Mitarbeiter			
		laufd. Monat	1342,20	0,00	0,00
		Additiv	2896,70		
Stufengleichheit	0,00				
		Gesamt			
Ausbildungsfonds	0,00	laufd. Monat	1722,90		
		Additiv	4324,40		
Gut/Last einmalig	18,00	1. Halbjahr	3689,40	0,00	0,00
Gut/Last ratierlich	0,00	2. Halbjahr	0,00	0,00	0,00
		Gesamtjahr	3689,40	0,00	0,00
Summe der Bezüge	17573,95	Aufgelaufen	5601,90	0,00	0,00

Saldo vormonat	0,00	Ausbildungsf.	Alt	Gut/Last	Neu
Provision-StSchl-1	2808,95		3,90	0,00	3,90

Ausgefertigt am: 08.05.2001 11:34:41

Wird binnen 14 Tagen nach Zustellung kein schriftlicher Widerspruch erhoben, so gilt diese Abrechnung als anerkannt.

Stufengleichheit	0,00

Beträge unter 50 DEM werden mit der nächsten Abrechnung verrechnet.

Abrechnungsgebühr	0,00		
Gut/Last einmalig	2,88		
Gut/Last ratierlich	0,00		
Summe Umsatzsteuer	2811,83	Umsatzsteuer	2811,83
Gesamtsaldo	20385,78	Auszahlung	20385,78

Umsatzsteuer wird nur gegen Vorlage einer gültigen Gewerbeanmeldung ausgezahlt.

Meiner Meinung nach aber nur dann, wenn man sich aufgibt, die Situation einfach so hinnimmt und nicht an sich arbeitet. Aber wenn ich eins gelernt habe, dann ist es, dass man selbst den schlausten Gymnasiasten, Studierten und den ein oder anderen Schlaumeier um Längen überholen kann, wenn man es nur will und ein festes Ziel hat. Denn was am Ende zählt, ist nicht allein die Schulbildung, sondern der Fleiß, hervorragende Ergebnisse, Sichtbarkeit, ein cleverer Geschäftssinn und vielleicht noch eine Prise Außergewöhnlichkeit. All das ist leider kein Teil der herkömmlichen Schulbildung - entweder man hat es, will es, oder bleibt eben auf der Stelle stehen. Letzteres liegt nicht in meiner Natur! Hört sich jetzt möglicherweise etwas großkotzig an, aber:

Jeder entscheidet ganz allein, was er aus seinem Leben macht!

Hätte ich auf jeden Menschen gehört, der mir erzählte, dass aus meiner Idee oder mir nichts wird, würde ich wohl heute nicht im Garten mit Pool und unter der herrlichen Sonne von Las Vegas sitzen. In diesem Sinne:

Sonnige Grüße vom "kleinen Handyvertreter".

Wenn ich auch einen außergewöhnlichen inneren Antrieb habe und mich nichts bremst, so kann auch ich irgendwann nichts mehr gegen kalte Temperaturen ausrichten. Im Winter wurde es einfach zu kalt und eisig für den Promotionstand auf der Warschauer Brücke in Berlin. Es musste dringend eine Alternative her. Wie auch immer es dazu gekommen ist: Irgendwie hatte ich es geschafft, bei der UCI Kinowelt in Berlin am Zoopalast und in Potsdam abwechselnd meinen Promotionstand aufbauen zu dürfen. Und ja, um es gleich vorweg zu nehmen: Popcorn und die neusten Kinofilme zu gucken gab's auch noch gratis dazu!

Ich stand nun im Kino, wo ich sonst immer zu Gast war und arbeitete für mich selbst. Natürlich sind dort aber nicht genau so viele potenzielle Kunden vorbeigekommen, wie auf der Warschauer Brücke. Wieder musste ich mir also etwas einfallen lassen und es irgendwie anders machen. Dann kam mir die Idee: Ich baute meine ganz eigene Homepage, um das Erfolgskonzept auch online, unabhängig von Temperatur und Zeit anbieten zu können. Was heute so alltäglich klingt, war damals nicht ganz so selbstverständlich. Wir reden hier vom Anfang der 2000er Jahre. Aber ich hatte ja von Berni die Info erhalten, dass das mit FrontPage möglich sei. Gesagt, getan. Ich gründete meine Homepage.

Jetzt konnten sich die interessierten Kunden zu jeder Tages- und Nachtzeit auf meiner Homepage über das Angebot informieren und mir den ausgedruckten, unterschriebenen Vertrag zuschicken, ohne dass ich auch nur einen Schritt vor die Tür machen musste. Okay, nicht ganz. Zum Briefkasten musste ich schon noch und der quoll nach kurzer Zeit völlig über vor Anträgen.

Zu dieser Zeit hatte ich bereits um die 270 Vertriebspartner unter mir und redete wie ein Wasserfall auf sie ein: "Hol' dir einen Promotionstand", "Sprich die Leute persönlich an", "Versuch's doch mal mit Flyern". Doch es schien mir, als würden meine neu gewonnenen Vertriebspartner einfach kein Geld verdienen wollen.

Während ich mich vor Anträgen kaum retten konnte, kamen die anderen nicht aus den Puschen. So musste ich das erste Mal lernen, dass man niemanden dazu überreden kann, erfolgreich zu werden, wenn er es nicht selbst wirklich will. Und dass man es außerdem auch nicht jedem recht machen kann. Meine Vertriebspartner hatten einfach nicht denselben Ehrgeiz, glaubten nicht richtig an die Idee, waren nicht bereit auch mal andere Wege zu gehen oder zu tun, was eben nötig ist. Ich gab das Zureden auf, konzentrierte mich wieder auf mich und mein Vorankommen. Denn wie ich gerne sage:

"Manchmal liegt das Problem zwischen den Ohren! Da kannste nix machen."

Das hat mir deutlich gezeigt: Am Ende wird nur derjenige belohnt, der bedingungslos Gas gibt! Das trieb mich jeden Tag an und ich bereue keinen einzigen davon. Denn all das hat mich schlussendlich dort hingebracht, wo ich heute bin. Sagen wir es mal so: Definitiv auf der Sonnenseite des Lebens.

Ich gebe es zu: Bei diesem Verdienst, der sozusagen so schnell aus dem Nichts kam, muss man schon aufpassen, dass man auf dem Teppich bleibt. In meinem Kopf hat es so laut gerattert, dass mein Umfeld es sogar schon gehört haben muss! Denn wenn es in diesem Tempo weiterginge, würde ich ganz klar finanziell frei und bis zu meinem Lebensende unabhängig sein - mein Ziel! Das wollte ich bis zu meinem 30. Lebensjahr erreichen. Es gibt auch einen Grund, weshalb ich mir sicher war, dass mein Geld ganz schnell mehr wird.

Beim Network Marketing gibt es immer einen, der über einem ist und der an dem Erfolg derjenigen mitverdient, die unter ihm sind. In dem Monat, wo ich etwas um die 10.000 € verdiente, lag Berni bei über 30.000 €. Der Typ über Berni bei mehr als 100.000 € und der darüber wiederum freute sich über rund 250.000 € und so weiter. Ich habe alle damals persönlich kennengelernt und wusste daher, dass es wirklich stimmt. Und so war es eben nur eine Frage der Zeit, bis ich diese Position erreichen würde.

Wahnsinn! Das muss man sich mal auf der Zunge zergehen lassen. Ich war Mitte zwanzig und hatte die unglaubliche Chance, mehrere tausend Euro oder sogar hunderttausende Euro im Monat verdienen können. Das war und ist für mich bis heute irre viel Geld!

Und dann kam es, wie es kommen musste: Die Mobilfunkanbieter stoppten ihre Subventionen und somit konnten die Handys nicht mehr gratis vergeben werden. Gleichzeitig wurde die sogenannte Grundgebühr eingeführt und das bedeutete den Tod für alle attraktiven Angebote. Mit unseren ganzen Verträgen und der fleißigen Arbeit, haben wir Vertriebspartner in ganz Deutschland dafür gesorgt, dass es inzwischen mehr Mobilfunk- als Festnetzverträge gab. Niemand musste also mehr von diesem Konzept überzeugt werden und der Markt war einfach gesättigt. Mein Höhenflug endete genauso abrupt, wie der große Ansturm auf die Handyverträge. Mein Verdienst krachte mit einem schmerzhaften Schlag von über 10.000 € auf unter 1.000 € herunter. Die Firma, für die ich tätig war, meldete später schlussendlich Insolvenz an. Es war wie eine Ohrfeige, die ordentlich gescheppert hat.

Spielverderber Bundeswehr

Einen weiteren aufschlussreichen Rückblick in mein bisheriges Leben, liefert die Zeit der Wehrpflicht. Denn genau zum Höhepunkt meiner Handygeschäfte, kam auch noch die Bundeswehr auf die geniale Idee, mich einziehen zu wollen. Damals gab es noch die sogenannte Wehrpflicht in Deutschland.

Während der Ausbildung war man davon freigestellt, aber danach kannten sie keine Gnade. Jeder junge Mann über 18 Jahre, wurde zum Dienst an der Waffe eingezogen. Und ich kann eins sagen: Ich bin bereit, vieles zu ertragen, wenn ich einen Sinn dahinter sehe oder es ein Mittel zum Zweck ist. Mich jedoch für einen Hungerlohn anbrüllen zu lassen, durch den Dreck zu robben, gehört absolut nicht dazu. Meine Alternative: Zivildienst. Aber auch da hatte ich das Problem: Solange ich Zivildienst mache, hätte ich ja keine Handyverträge abschließen können. Das passte mir überhaupt nicht! Dafür lief das Geschäft viel zu gut! Es macht doch einfach keinen Sinn, jemanden, der auf eigenen Beinen steht und wirklich erfolgreich ist, zu etwas zu zwingen, was er gar nicht möchte. Und dann auch noch zu bezahlen, obwohl er eigentlich sein eigenes Geld verdient. Naja, der Staat hat da eben so seine ganz eigene Logik und es sollte nicht das letzte Mal sein, dass versucht wird, mich zu irgendwas zu zwingen.

Ich bewarb mich als Rettungswagenfahrer bei der Berliner Feuerwehr. Die Absage kam prompt. Abgesehen davon, dass ich sowieso keinen Bock darauf hatte, blieb mir nichts anderes übrig, als mal im Internet zu schauen, was man gegen die Wehrpflicht unternehmen könnte. Ich tippte also ein: "Wie vermeide ich Bundeswehr und Zivildienst?"

Und da war sie: die Werbeanzeige meines späteren Anwalts mit einem Spruch, der in etwa so lautete: "Keine Lust auf Bundeswehr? Wir helfen Ihnen, nicht hinzugehen!" Er sprach mir aus der Seele!

Ich ließ mir also einen Termin zur Rechtsberatung geben und fuhr zum Berliner Ku'damm. Es hatte irgendwie etwas wie aus einem Gangsterfilm. Der Anwalt kam direkt zur Sache: "Legen Sie mir Summe X auf den Tisch und ich werde dafür sorgen, dass Sie nicht eingezogen werden." Klang natürlich verdammt gut. Kurzer Prozess. Meine Frage: "Sind Sie sich zu 100% sicher?" Seine klare Antwort: "Logisch, 100% sicher!" Ganz nach meinem Motto "Nicht quatschen ... sondern machen!" bin ich also sofort runter zur Bank, habe die geforderte Summe abgehoben und dem Anwalt Cash auf den Tisch gelegt. "Alter Schwede", dachte ich mir, "Was machst du hier?" Aber wenn's klappt, umso besser. "Geld regiert die Welt!" Und tatsächlich. Wenn ich eins in den vergangenen Jahren und seitdem gelernt habe, dann das: Geld regiert die Welt!

Das Ergebnis dieses Deals: Es hat tatsächlich funktioniert - nach einem guten Jahr war das Thema für immer vom Tisch und ich war sowohl Bundeswehr als auch Zivildienst für alle Zeiten los. Aus Rücksicht und Respekt zu meinen damaligen Helfern in der Not, werde ich nicht verraten, wie er es geschafft hat. Da es in Deutschland auch aktuell ja keine Pflicht ist, würde ein Ratschlag oder Tipp auch wohl niemandem etwas nützen. Belassen wir es also dabei ...

Kreative Pause

Nachdem das Handygeschäft vorbei war, hatte ich gute 2 Jahre, in denen ich von meinem Ersparten leben musste, aber auch glücklicherweise konnte. Nach dem ganzen Stress kam mir die Pause mal gelegen. Einige Vertriebspartnerkollegen aus dem Handygeschäft blieben im MLM Business und wechselten lediglich die Produktpalette. Nahrungsergänzungs- und Kosmetikartikel standen nun ganz oben auf deren Agenda. Nichts für mich. Für mich stand fest: Ich verkaufe keine Zahnpasta für 10 €. Auch, wenn sich viele denken: "Es sind aber wirklich tolle Produkte." Mag alles richtig sein, aber wenn ich mich damit nicht identifizieren kann, lasse ich die Finger davon.

Deshalb erhält bis heute keiner von mir einen "RENE10" Rabattcode auf ein strahlendes Lächeln oder Ähnliches, wo ich einfach nicht 100% dahinterstehe. Mir ist ja klar, dass jeder irgendwie Geld verdienen muss, aber mal ehrlich: dann doch wenigstens mit Produkten, die den Menschen wirklich etwas bringen oder überhaupt funktionieren. Ich finde, es sollte sich für beide Seiten lohnen. Nicht nur für den Verkäufer. Eigene Kunden, Follower, Gäste, Freunde, Familienmitglieder oder wen auch immer wissentlich zu verarschen gehört weder zu meinen Aufgaben, noch ist es meine Art!

Gleich nach der Net-Com 2000 AG Handyzeit ließ ich mich von einem ehemaligen Kollegen dazu überreden, EC- und Kreditkartenterminals im Einzelhandel an den Mann zu bringen. Ich halte es kurz: Es war einfach nicht meine Branche und nicht mein Ding, von Geschäft zu Geschäft zu laufen und den Inhabern etwas andrehen zu wollen, was sie möglicherweise gar nicht brauchten. Klinkenputzen geht für mich mal gar nicht.

Ich gönnte mir von meinem verdienten Geld einen USA Urlaub und etwas Zeit in Las Vegas. Dort stand ich auf der Fußgängerbrücke zwischen dem MGM Grand und dem NewYork-NewYork Hotel & Casino. Im Übrigen eines der größten Hotels der Welt. Ich blickte den Las Vegas Blvd. hinauf und sah diese wundervollen Lichter.

Was für eine geile Stadt!

Ich schwor mir selbst: "René, du musst alles dafür tun, dass das hier nicht dein letzter Las Vegas Besuch sein wird."

Zurück in Berlin hatte ich teilweise solch eine große Sehnsucht nach den USA, dass ich in regelmäßigen Abständen zu einer weltbekannten, amerikanischen Fastfoodkette - nennen wir sie mal "Zur goldenen Möwe" - gefahren bin, um mir zumindest etwas US-Feeling in mein trostloses Leben zu holen. Das müsst ihr euch mal vorstellen!

Dieser Urlaub und meine gleichzeitige Auszeit haben mich so geprägt und auch zusätzlich motiviert, sodass ich mir fest in den Kopf setzte, reich zu werden und am besten auch noch in die USA zu ziehen. Denn Letzteres war schon mein Kindheitstraum. Ich dachte mir: "Es geht so nicht weiter. René, du musst etwas finden, das dich reich macht. Du warst so nah, schon auf dem richtigen Weg und nun soll all das vorbei sein? Nein, das ist unfair. Du willst reich werden und das am besten noch von zuhause aus." Meine beiden Hauptziele.

Einfach unvorstellbar, wie sehr ich mir den Kopf zerbrochen habe. Ich habe selbst mein direktes Umfeld völlig kirre gemacht. "Wie kann ich dieses Ziel verdammt nochmal erreichen? Ich bekam sogar zahlreiche Tipps nach dem Motto: "Erfinde doch etwas."

"Ja toll, aber was denn bloß?", dachte ich mir. Ein Erfinder ohne Erfindung wird kein Geld verdienen. Und so kam es letztendlich, wie es kommen musste: Ich hatte nur noch 500 € Erspartes auf dem Konto. Ganz schön wenig Kohle für einen angehenden Millionär. Und es sollte noch schlimmer werden. Ich borgte mir Geld von meinem Vater, um über die Runden zu kommen. Man, war mir das peinlich! Vor allem deshalb, weil ich ihn noch zuvor in der guten Handyzeit fragte: "Soll ich dir irgendwann ein neues Auto kaufen?"

Das Kapitel, das alles änderte

Um die schönen Erinnerungen von meinem USA-Urlaub auch festzuhalten, kaufte ich mir, vor Reiseantritt, meine allererste Digitalkamera. Eine Sony (DSC-P1). Ich war so begeistert davon, dass einige aus meinem Freundeskreis sich dieselbe Kamera kauften. Unter anderem auch Micha. Ja Micha, nun kommst genau du tatsächlich in meinem eigenen Buch vor - wer hätte das gedacht?
Das Problem an der Kamera war, dass es sogenannte Memory Sticks von Sony gab, worauf die Bilder gespeichert wurden. Die waren aber schweineteuer. Doch Micha bestellte so einen Memory Stick nicht bei Sony, sondern einfach über ebay von der Firma LEXAR. Der nicht originale Memory Stick hat nur einen Bruchteil gekostet und funktionierte genauso gut.

Von hier an begann eine Erfolgsgeschichte, wie sie (nun auch tatsächlich) im Buche steht!

"Das ist meine Chance!", dachte ich mir. Ich überlegte nicht lange und bestellte auch so einen Memory Stick. Nachdem ich die Ware erhalten habe, kontaktierte ich den Verkäufer, einen großen Versandhändler aus Österreich und fragte ihn ganz frech, woher er die Ware eigentlich bezieht. Zu meiner Überraschung hat er es mir sogar verraten. Drei Buchstaben für die ich mich schon immer begeistert habe und meine ganz große Faszination: U-S-A. Rückblickend gesehen hätte er das wohl besser nicht tun sollen. Denn mit meinen bis heute nicht ganz so exzellenten Englischkenntnissen, machte ich mich im Internet auf die Suche nach einem Lieferanten, der genau diese Memory Sticks anbot. Von außen betrachtet, werden viele damals gedacht haben, es wäre schlauer gewesen, hätte ich meine letzten 500 € in Essen und meinen Lebensunterhalt investiert - das hätten wohl die meisten in meiner verzweifelten Situation auch getan. Ich finde, ich war vernünftig. Von meinem letzten Geld habe ich also Memory Sticks aus den USA bestellt.

Nachdem die Ware in Deutschland angekommen war, machte ich schicke Fotos, eine tolle Beschreibung und setzte die Artikel in das bekannte Auktionshaus mit den bunten vier Buchstaben - ebay. Und zack! Die Sticks verkauften sich rasend schnell. Ich nahm das Geld sowie den Gewinn und bestellte nach. Das habe ich mehrmals wiederholt, bis es solche Ausmaße annahm, dass ich wieder an dem Punkt angekommen bin, ein Gewerbe anmelden zu müssen. Und hier kommt wieder Micha ins Spiel. Da ich mir bereits Geld von meinem Vater geborgt hatte, traute ich mich nicht, ihn erneut zu fragen. Deshalb borgte Micha mir einen Batzen Geld - ganze 2.000 €.

An dieser Stelle ist mir wichtig zu sagen:

Danke Micha für dein Vertrauen damals! Du hast mir den Start ermöglicht, auch wenn es dir eventuell nicht so bewusst war.

Von dem Geld kaufte ich noch mehr Memory Sticks und wechselte auch nach und nach die Großhändler in den USA. Erst war es ein Händler aus New York, dann Los Angeles und letztendlich mein langjähriger Händler namens Chris aus Phoenix, Arizona. Ich erweiterte mein Sortiment auf verschiedene Speicherkapazitäten. Das Versandvolumen meiner Großbriefe stieg quasi parallel mit und es lohnte sich so sehr, dass ich die Briefe nun per "Einwurfschreiben" versendete, um einigen Betrugsversuchen entgegenzuwirken.

Binnen weniger Wochen war es dann so weit, dass ich mit den großen, gelben Kisten zur Deutschen Post ging und dutzende Briefe täglich an die vielen Kunden versendete.

Wow, ich war back im Business! Von Laserpointern, über Handys, EC-Kartengeräte nun zu Memory Sticks aus den USA. Was für eine verrückte Reise ...
Es ging Schritt für Schritt voran. Chris bot mir immer mehr Produkte an und so erweiterte ich mein Sortiment inzwischen um das komplette Foto- und Camcorderzubehör inklusive Taschen, Objektiven, Filter, Stativen, Akkus und eigentlich alles, was keinen Stecker hatte. Und das auch nur deshalb, weil die USA eine Spannung von 110 Volt haben und es in Europa 220 Volt sind. Zudem würden die Stecker auch vom Format gar nicht passen.

Aufgrund meines neuen Sortiments wurde ich nicht nur ein größerer Kunde bei der Deutschen Post, sondern auch ein bekanntes Gesicht und Stammgast beim deutschen Zoll in Berlin. Zu Beginn wurde die Zollabwicklung automatisch vor Auslieferung durch den Paketdienst an mich erledigt - ohne großen Papierkram. Später dann musste ich wegen diverser Paketsendungen persönlich zum Zoll. "Machen Sie mal auf!

Was ist da drin? Was haben Sie damit vor?" Der ganze Zauber eben. Da unsere Beamten für ihre gründliche Arbeit bekannt sind, dauerte das teilweise mehrere Stunden und es kostete mich am Ende nicht nur Zeit, sondern immer eine großzügige Spende an die Staatskasse. So lernte ich auch mal zu geben, statt immer zu nehmen.

Und nicht nur der Zoll nahm meine Spenden dankend an. Denn mit dem Umsatz stiegen auch die Nebenkosten. Gefühlt jeder wollte etwas vom großen Kuchen abhaben. Deshalb hielten natürlich nicht nur Paketdienste, der Steuerberater und das Internetauktionshaus die Hände auf - auch das Finanzamt war ganz vorne dabei.

Willkommen in der Welt der Selbständigen!

Der Empfang hätte ruhig etwas netter ausfallen können. Aber von sowas lasse ich mich nicht abhalten. Ich senkte die Kosten, wo es nur ging. Dafür wechselte ich von der Post zum Paketdienst GLS und zahlte ab sofort nur noch ungefähr die Hälfte für jede Paketsendung. Beim Schuhladen um die Ecke habe ich mich mit der Verkäuferin gut gestellt und regelmäßig viele ungebrauchte Schuhkartons erhalten, die die Kunden dalißen.

Ich begann also, meine Ware in diesen Schuhkartons zu versenden. Heute nennt man das nachhaltig. Für mich war es damals einfach die Rettung. Die Kartons waren unbenutzt, for free, stabil und das Beste: Niemand erwartete hochwertige Ware in einem einfachen Schuhkarton. Die Diebstahlrate beim Paketdienst ging mit einem Mal auf nahezu Null runter.

Mein "Haus" am See

In den warmen und schönen Sommermonaten verlegte ich mein ganzes Leben inklusive der Arbeit auf einen Campingplatz im Berliner Bezirk Wannsee. Mein Vater hatte dort sowohl ein Boot als auch einen Wohnwagen. Das war eine so herrliche Zeit an die ich mich noch heute super gern zurückerinnere.

Ich war Mitte zwanzig, hatte ein riesiges Grundstück mit viel Wiese direkt am Wasser, so gut wie für mich alleine. Nachdem der Platz im Wohnwagen für meine Ware nicht mehr ausreichte, baute ich einen kleinen Geräteschuppen neben dem Wohnwagen auf, in dem ich meine Ware gut lagern konnte. Da der auch irgendwann aus allen Nähten platzte, nahm ich einige Schränke im Bootshaus, welches auf demselben Grundstück war, in Beschlag. Glücklicherweise war das eine vernünftige Wohngegend. Ich würde sogar behaupten, eine der besten, ruhigsten und sichersten Gegenden in Berlin. Daran musste ich nun mal denken, denn mein Warenbestand war einige tausend Euro wert. Auch der Paketfahrer staunte, als ich tagtäglich so viele Pakete für ihn zur Abholung bereithielt.

"Sag mal, wo nimmst du das ganze Zeug her?", hat er mich oft gefragt. "Verdienst du damit gutes Geld?" Ich grinste ihn nur an und er hat ganz genau verstanden, was ich ihm damit sagen wollte.

So viele Menschen finden Ausreden dafür, dass sie ihren Traum nicht leben oder selbstständig sein können, weil:

- → der Platz fehlt,
- → es zu unsicher ist,

→ sie nicht die Möglichkeit oder das Geld haben,
→ und und und ...

Außerdem muss man "hart" arbeiten und nicht irgendwo in der Sonne sitzen. Das führt zu nichts.

Lasst euch gesagt sein: Ich hatte nichts außer einer Idee und bin der lebende Beweis dafür, dass es auch auf wirklich engstem Raum funktionieren kann, sein Gewerbe aufzubauen. Auch dass man über die Runden kommen und trotzdem einen wundervollen Blick auf einen ruhigen See haben kann. Es geht. Und das viele Arbeiten kann auch wirklich großen Spaß machen - wenn man das Richtige tut. Das kann mir jeder glauben: Es hat mir so großen Spaß gemacht, einfach mit dem Campingstuhl und einem Tisch plus Sonnenschirm auf der Wiese zu sitzen und Artikel online zu stellen oder Bestellungen abzuarbeiten. Dafür bestellte ich extra die Telekom zum Campinggrundstück, die mir eine DSL-Leitung legte. Geil! Ich hatte WLAN!

Die anderen auf dem Bootsplatz haben mich eher belächelt. Ich war wohl der "komische Vogel". Nachdem ich als kleines Kind dort gespielt habe, hampelte ich nun als junger Kerl mit dem Notebook herum und versendete Pakete vom See. Damit steckte ich schon zu diesem Zeitpunkt den Verdienst der anderen dort ganz locker in die Tasche, aber das ahnte natürlich keiner! Nach viel Erfolg sah mein Auto damals auch nicht aus, weshalb die Skeptiker natürlich immer schön viel zum Lästern hatten.

Doch genau hier liegt der kleine Unterschied. Viele, die selbständig werden wollen, denken im gleichen Atemzug: "Dann kaufe ich mir erstmal ein schickes Auto, mache Party, gönne mir eine teure Uhr und beweise den anderen, wie gut es mir geht!"

Mein Vorteil ist bis heute, dass mir schlichtweg egal ist, was andere über mich denken. Denn nur ich allein weiß, was ich wie und wo erreicht oder aus bestimmten Gründen nicht erreicht habe. "Einen auf dicke Hose machen kannste immer noch, wenn du es geschafft hast. Aber doch bitte nicht schon zu Anfang", war immer mein Gedanke.

Ohne also jemals ein Buch gelesen zu haben oder mich mit Investitionsstrategien zu beschäftigen, habe ich mein verdientes Geld genommen und sofort reinvestiert. Ich habe mir nur das Geld für Miete, Essen und sonstige wichtige Ausgaben rausgezogen. Die ganze Kohle ging sofort wieder rein ins Business und das Tag für Tag, Woche für Woche, Monat für Monat.

Während der Umsatz stieg, sanken die Temperaturen. Der Winter kam. Ich musste zurück in meine 45 Quadratmeter große, oder besser gesagt, kleine Wohnung. Nach und nach bestellte ich immer mehr Ware aus den USA und die Bankgebühren für den notwendigen Geldtransfer

schossen in die Höhe. Die Lösung, um das Problem zu umgehen, lag schnell auf der Hand. Ich schnappte mir das Firmengeld, tauschte es in mehreren Berliner Wechselstuben in US-Dollar um und flog selbst in die USA, statt den Banken noch mehr Geld in den Hals zu stecken.
Ein Geldtransfer in die USA kostete damals mindestens 2,5%. Wenn ich aber mit einem großen Batzen Bargeld rüberfliegen würde, wäre das günstiger für mich. Der Vorteil lag klar auf der Hand: Ich konnte wieder in die USA und somit Berufliches und Privates verknüpfen.

Und das Beste: Ich spare auch noch Geld!

So flog ich diverse Male nach Las Vegas, um Chris das Geld persönlich in die Hand zu drücken. Die maximale Summe, die ich auf diese Weise transportierte, waren einmal fast $ 100.000 in Einhundert Dollar Noten. Das ist ein Haufen Geld! Um genau zu sein, circa eine halbe Camcorder-Tasche voll mit kostbarem Papier. Mein Vorteil bei der ganzen Aktion:

1. Ich sparte mir knappe $ 2.500 Banktransferkosten
2. Ich konnte die Reise geschäftlich absetzen und
3. Ich konnte nach Las Vegas.

Chris flog von Phoenix nach Vegas und wir trafen uns zum Abendessen im PRIME Steakhouse. Das Steakhouse des weltberühmten Bellagio Hotels am Las Vegas Boulevard. "WOW! Ein Abendessen für über $ 100 pro Person hatte ich vorher auch noch nie", dachte ich mir völlig beeindruckt. Klar hat der Flug und das Hotel auch Geld gekostet, aber "Hey, ich bin in Las Vegas!" und der ganze Aufenthalt hat keine $ 2.500 verschlungen, die die Bank haben wollte. Mein kürzester Aufenthalt reichte mal von Freitag bis Sonntag. Kurz mal über's Wochenende nach Vegas. Dazu kann ich nur eins sagen:

Bitte nicht nachmachen!

FotoPreisSturz Limited

Das Foto- und Camcorderzubehörgeschäft lief wunderbar, vor allem durch eine ganz einfache, aber super effektive Idee. Bei dem Auktionshaus, auf dem ich die Ware verkaufte, konnte ich sehen, wer bei den Auktionen vorher mitgeboten und keinen Zuschlag erhalten hat. Damals konnte man sogar noch die E-Mail Adresse der Bieter einsehen.

Ich baute mal wieder meine eigene neue Homepage, setzte die Artikel dort günstiger rein und schrieb jeden einzelnen Bieter nach der Auktion an: "Danke für Ihr Gebot. Leider wurden Sie überboten, aber ich habe Ihren gewünschten Artikel noch auf Lager. Schauen Sie gerne auf meiner Homepage vorbei. Und zack! Damit habe ich gleich drei Fliegen mit einer Klappe geschlagen. Erstens: keine Auktionsgebühren, zweitens: mit einer Auktion hatte ich gleich mehrere potentielle weitere Käufer und drittens: der Kunde hatte Zugriff auf meinen kompletten Shop und kaufte oftmals gleich mehrere Artikel gleichzeitig.

Das Ganze nahm so schnell solche Ausmaße an, dass ich mit der Zeit mein eigenes Paketnummerierungssystem erfunden habe, weil es gar nicht mehr anders ging. Ich baute Regale in meinem Schlafzimmer auf und legte mir alles in bezifferte Stapel, um nicht den Überblick zu verlieren. Ich hatte damals natürlich noch kein Warenwirtschaftssystem oder dergleichen. Hatte davon auch überhaupt gar keine Ahnung. Ich habe einfach immer weiter improvisiert.

Es gibt Menschen, die überlegen Ewigkeiten und es gibt andere, die machen einfach.

Es ist wohl ein offenes Geheimnis, zu welchen ich gehöre.

Der Verkauf lief auf Hochtouren und ich bekam mit, dass ich in Deutschland als Hersteller gelte, wenn ich Waren aus einem Nicht-EU-Ausland importiere. Gar nicht gut! Denn sollte bei einem importierten und von mir verkauften Artikel irgendwann mal ein Problem auftreten, hafte ich zu 100% als Privatperson. "Das geht gar nicht!" dachte ich mir und suchte nach einer Lösung.

Das Problem am geschicktesten und günstigsten zu umgehen, ging mit einer Limited-Gründung. Einer Firmengründung mit Hauptsitz in England und Zweigniederlassung in Deutschland. So wurde die FotoPreisSturz Ltd. geboren. Diese kostete mich nur ein paar hundert Euro statt 25.000 €, wie es für eine GmbH-Gründung in Deutschland notwendig war.

Da saß ich nun mit Unmengen an Ware, einem erfolgreichen Internetshop, einer waschechten Firma mit der berühmten "Ltd." Endung und noch immer in meiner 2 Zimmer,

45 Quadratmeter Wohnung in Berlin Zehlendorf. Das war der Ausgangspunkt und gleichzeitig der richtige Beginn von allem, was ich mir später aufgebaut habe.

Die Abmahnwelle

Doch wer gedacht hat, dass ich nach der Limited-Gründung meine Ruhe hatte und die Geschäfte einfach weiterführen konnte - falsch gedacht! Ärger durch Behörden war ich ja schon seit der Handygeschichte gewohnt, aber nun kam eine ganz andere Nummer auf mich zu. Denn pünktlich zur Gründung der neuen Firma, begann die große Abmahnwelle in der gesamten E-Commerce Branche. Die Konkurrenz ist einfach immer größer geworden und damit auch der Neid! Bei großen Firmen ist es wohl gang und gäbe, aber für mich als Berliner Junge eben nicht. Und wie prägt man sich die Dinge am besten ein? Richtig! Wenn es weh tut. So kam es, dass ich "das große Glück" hatte, mir so einiges hinter die Ohren zu schreiben. Denn ich durfte Lehrgeld im mittleren fünfstelligen Bereich bezahlen. Ja, richtig gelesen. Insgesamt gute 50.000 € oder vielleicht auch etwas mehr. Autsch!

Allen voran überhäufte mich eine sehr tüchtige Anwaltskanzlei aus Hamburg, in Vertretung eines sehr bekannten Elektrofachgeschäfts, ganz offiziell mit zahlreichen Abmahnschreiben. Die Begründungen wurden immer skurriler. Das Wort "ab" kostete mich um die 10.000 €! Davon machen manche ein paar Sommerurlaube - das muss man sich mal vorstellen!

Angekreidet wurde mir meine Bezeichnung in einer großen Preissuchmaschine, in der ich mit Versandkosten "ab" 7,77 € warb. Denn je nach Größe des jeweiligen Produkts, könnten die tatsächlichen Versandkosten verschieden ausfallen. Zack! Da gab's 'ne Abmahnung!

Und die Begründung war: Irreführende Werbung, da die Versandkosten ja tatsächlich höher ausfallen könnten. Na genau das sage ich doch und das stand doch da! Außerdem gab es noch viele weitere, für mich absolut unverständliche

Gründe, die mich letztendlich viel Geld kosteten. Unter anderem war die Schriftgröße meiner Homepage nicht in Ordnung - 6 ist zu klein, mindestens 8 müssen es sein. Und der absolute Knaller war die Kritik an meinem Logo. Der Spruch lautete:

"Entschuldigung, günstiger geht's nicht!"

Diesen Spruch fand ich so cool, dass ich ihn aus den Flyern von meinem vorherigen Handygeschäft übernommen habe. So konnte es aber nicht stehen bleiben und musste in "Entschuldigung, günstiger geht's bei uns nicht!" geändert werden. Kurioserweise. Denn ich war schon damals tatsächlich immer der günstigste auf dem Markt. Heute durchsuchen Preissuchmaschinen per Hochleistungsrechner innerhalb von Sekunden die jeweiligen Produktpreise und passen ihre eigenen innerhalb von kurzer Zeit, nach der jeweils hinterlegten Formel und Preisstrategie, an.

Meine damalige Hochleistungspreissuchmaschine - das war ich! Ich alleine. Stundenlang durchforstete ich täglich alle Onlinehändler, die denselben Artikel anboten wie ich und passte meine Preise manuell so an, dass ich immer der günstigste am Markt war - und wenn es auch nur um den Unterschied von nur einem einzigen Cent ging! Meine Produkte waren die günstigsten. Das war nicht gelogen und mein Motto. Ansonsten verkaufte ich die Ware nicht mehr. Ich wollte der billigste in meiner Branche sein. Das Ende vom Lied: Es musste geändert werden, da ich nicht garantieren könne, der günstigste Anbieter zu sein. Aber vielleicht war ich es doch? Wer weiß das schon. Wieder waren tausend Euro weg und die Hamburger Anwaltskanzlei gab einfach keine Ruhe. Ich fühlte mich einfach ausgenommen wie eine Weihnachtsgans und deshalb kam es schlussendlich auch zu einer Gerichtsverhandlung in der Hansestadt Hamburg, zu der ich mit meinen beiden Berliner Anwälten gefahren bin.

Was sich dort abspielte, ist bis heute für mich einfach unfassbar! Der Anwalt der großen Elektrohandelskette war mit dem Richter gefühlt per du und die Argumentation meiner Anwälte wurde in einer sehr kurzen Gerichtsverhandlung als "lächerlich" abgestempelt. So verlor meine Firma natürlich chancenlos und die 18.000 € Gerichtskosten, den Gegenanwalt, meine Anwälte, die Strafe und Gebühren sowie die Anreise durfte ich mal wieder als Lehrgeld verbuchen. Ich dachte mir: "Alter Schwede, die versuchen mich wirklich mit allen Mitteln fertig zu machen!"

Wer mich heute aus dem Internet oder von meinen Las Vegas Touren kennt, weiß, dass ich absolut gar kein Problem damit habe, Geld auszugeben. Mein Motto ist:

"Das Geld ist nicht weg, es hat nur jemand anderes."

Aber damals ist es definitiv in den falschen Händen gelandet! Es war einfach unnötig. Und solche Geschichten gab es zahlreiche in dieser Zeit. Trotzdem habe ich niemals aufgegeben, weitergemacht und mich wie ein Felsen gegen die Abmahnwelle gestellt - so leicht lasse ich mir meinen Traum nicht zerstören. Und so überlebten mein Geschäft und ich glücklicherweise diese schlimme Hochphase der unangenehmen Schreiben. Okay, hier und da bröckelte es etwas und ich hatte natürlich erhebliche finanzielle Einbußen - aber ich stand noch!

Wir werden Partner!

Nachdem die Versandkosten für große Paketsendungen aus den USA nach Deutschland immer weiter anstiegen, recherchierte ich mal wieder im Internet. Ich suchte nach einer alternativen Einkaufsquelle und entdeckte, dass ein Händler aus Österreich unter anderem das Stativ namens "Sony VCT-1170RM" günstiger zum Verkauf angeboten hat, als ich es von meinem Großhändler in den USA inklusive Einfuhrumsatzsteuer, Zoll und den nun zu hohen Versandkosten aus den USA bestellen konnte. "Komisch", dachte ich mir, "Wie macht der das bloß?". "Egal, wenn er günstiger ist, bestelle ich einfach mal bei ihm." Damit der Händler mich nicht direkt als Konkurrenten erkennt, habe ich das Stativ mehrmals als Privatperson bei ihm bestellt. Er war aber nicht doof und durchschaute meine recht simple und offensichtliche Vorgehensweise leider. Oder doch zu meinem Glück? Denn der Österreicher hat mich tatsächlich angeschrieben und mir noch mehr dieser Stative zu einem noch günstigeren Preis angeboten. Da war ich völlig baff! "Warum macht er das?" Wir sind doch sozusagen Konkurrenten. Aber gut, mich sollte es ja nicht stören.

Ich nahm das Angebot an und habe, vielleicht etwas blauäugig, den vollständigen Preis von über 1.000 € an den Händler per Vorkasse überwiesen. Das ist auch dem Händler gleich aufgefallen und er rief mich zwei Tage später völlig verblüfft an, wie vertrauenswürdig und gutgläubig ich doch sei, gleich den ganzen Betrag zu überweisen. Das hätte er noch nie erlebt. Das hatte einen großen Vorteil: Die Stative wurden sofort versendet und es sollte der Auftakt einer jahrelangen, mega erfolgreichen Zusammenarbeit werden. Auch wenn wir zum Schluss nicht im Besten auseinandergegangen sind, sage ich auch hier erneut:

Ganz herzliches Dankeschön für die tollen Jahre.

Und ja, ich bin mir ziemlich sicher, das beruht auf Gegenseitigkeit. Denn wir haben uns beide die Taschen mal so richtig vollgemacht.

Aber zurück zum eigentlichen Thema: Kurze Zeit nach der ersten offiziellen Lieferung an meine Firma telefonierten wir erneut und der Händler fragte mich, ob wir die Zusammenarbeit nicht ausbauen wollen. Er hätte noch weitere Artikel für mich. LCD und Plasma-Fernseher, DVD- und BluRay Player, Camcorder, Fotoapparate und vieles mehr. Meine direkte Antwort aus Reflex: "Nee, lass' mal. Das geht nicht." Seine Frage nach dem "Warum" beantwortete ich wohl recht trotzig: "Ich habe davon gar keine Ahnung und verkaufe eigentlich nur Foto- und Camcorderzubehör von Sony. Das ist das was ich kann und womit ich mich auskenne. Außerdem habe ich gar kein Geld und auch keinen Platz für Fernsehgeräte und den ganzen Kram. "Außerdem: Was ist, wenn ich das Zeug gar nicht loswerde?"

Seine Antwort ließ mich aufhorchen: "Kein Problem, wir liefern die Ware per LKW nach Berlin. Alles, was du nicht verkaufst, nehmen wir zurück. Wie hört sich das an?" Ich sollte also nur die Ware bezahlen, die ich auch tatsächlich verkauft habe - ein wirklich attraktives Kommissionsgeschäft. Wieder einmal war ich völlig baff und stimmte letztendlich zu - ein Traum!

Erst etwas später kam mir der Gedanke, dass mein "Laden" meine Wohnung ist und mein "Lager" somit nur 45 Quadratmeter hat, auf denen ich auch irgendwie noch wohnen können sollte. Einige Tage später kam, im Nachhinein muss man sagen glücklicherweise, kein LKW angefahren, sondern ein älterer österreichischer Post-VW Bus und belieferte mich, wie versprochen, mit diversen HiFi-Artikeln. Der Flur meiner Wohnung hatte nur noch einen ganz schmalen Gang. Zunehmen war ab sofort nicht drin!

In der Küche kam ich nicht mehr an meine Waschmaschine heran, da dort die ganzen DVD Player gestapelt waren und vom Wohnzimmer war eigentlich nichts mehr zu sehen außer zahlreicher LCD-Fernsehkartons. Die Dinger waren riesig! Meine Gedanken überschlugen sich und mein Kopf ratterte von früh bis spät: "Was tue ich hier eigentlich? Wie soll ich das ganze Zeug jemals loswerden?" Und da war er wieder, mein altbekannter Ehrgeiz. Gas geben! Nach vorne schauen! Ich legte los.

Mein Vater kam mich in der Zeit öfters besuchen und stand ebenfalls in meiner vollgepackten Wohnung. Er traute seinen Augen nicht. "Sohnemann, was machst du hier?" Ich erwiderte: "Dein Sohn macht das, was er kann - Geschäfte. Und das hoffentlich bald noch erfolgreicher als bisher."

Da ich nur neue und originalverpackte Ware verkaufen wollte, fotografierte ich alle meine Artikel mit Außenverpackung und stellte sie online. Fazit: Nach einer Woche war alles restlos ausverkauft! "Wow", dachte ich mir, "das ging ja schneller als erwartet". Es lief sogar so hervorragend, dass mein österreichischer Händler auch schon auf die Idee kam, dass ein VW-Postbus allein nicht genug ist. Von da an wurde der Österreicher mein persönlicher Großhändler und wir arbeiteten jahrelang wirklich Hand in Hand. Es dauerte deshalb nicht lange, bis wir beschlossen, die Nummer gemeinsam groß zu machen! Sein Programmierer gab mir Zugang zu einem eigenen Server mit der Datenbank des Händlers. Diese Datenbank war mit seiner Homepage verknüpft und mit nur einem Mausklick waren die Artikel so auch bei mir online. Wir waren unserer Zeit voraus. Mein Sortiment nahm inzwischen wirklich unvorstellbare Dimensionen an. Meine 45 Quadratmeter Wohnung platzte aus allen Nähten und ich konnte darin auch nicht mehr wirklich wohnen. TV gucken im Wohnzimmer - Fehlanzeige! Dafür stapelten sich jede Menge davon in meiner ganzen Wohnung! Mein Wohnzimmer war so mit Ware voll gestapelt, dass ich nicht mal mehr meinen eigenen Fernseher sehen konnte. Ich wusste nur: Da hinten müsste irgendwo einer sein. Die Couch war vollgepackt mit Versandtaschen und in meiner Küche kam ich weder an den Geschirrspüler noch an den Herd heran. Einfach unvorstellbar, wenn man es damals nicht live gesehen hat.

Es musste dringend eine neue Lösung her. Als in meinem Haus eine Wohnung frei wurde, habe ich direkt die Chance genutzt und sie angemietet - mehr Lagerplatz! Endlich! Somit war das erste Lagerproblem gelöst. Aber die Wohnung lag im Erdgeschoss. Auch nicht so optimal. Wenn das einer mitbekommt, wird hier bestimmt eingebrochen. "Was kann ich tun?" Ich schaute mich im Keller genauer um und entdeckte einen alten Bunkerraum. Schön groß, zumindest für damalige Verhältnisse und vor allem eine ordentliche Sicherheitstür.

Kurzer Prozess: Ich habe die Hausverwaltung kontaktiert, Mietvertrag ausgehandelt und - zack - hatte ich mehr Lagerplatz.

Mittlerweile kamen selbst meine Cousinen bei mir vorbei, die ich dann als Teilzeitarbeitskräfte auf 300 €-Basis einstellte, da ich mit dem Verpacken und dem Versand alleine nicht mehr hinterherkam. Inzwischen gingen auch die Lieferungen mit den größten zur Verfügung stehenden Sprintern bis zu vier Mal die Woche bei mir ein! Heute weiß ich manchmal gar nicht, wie ich das eigentlich gemacht habe. Ich musste mich dringend vergrößern - so konnte es nicht weitergehen!

Überlegt euch das bitte mal: Bis zu vier große Sprinter pro Woche! Könnt ihr euch vorstellen, was das für eine Masse an Ware ist? Aber das ging alles so schnell. "Das ist doch nicht normal", dachte ich mir. Einerseits toll, aber andererseits, wie und wo soll das enden? Die Zeiten, in denen ich aus 500 € einfach 700 € und aus denen dann 1.000 € machte, waren vorerst vorbei. Mein Konto füllte sich rasant. Zu diesem Zeitpunkt hatte ich gut 100.000 € angesammelt. Dass ich solch eine Summe besessen habe, ging mir zum damaligen

Zeitpunkt kaum in den Kopf. Ich konnte meinen Erfolg nicht glauben. Bis hierhin war es definitiv ein harter Weg, aber es ging verhältnismäßig schnell. Rückblickend denke ich, dass es deshalb so gut funktioniert hat, weil ich meinen ganzen Gewinn immer wieder reinvestiert habe. Um es platt zu sagen:

"Nix mit dickes Auto, große Wohnung oder tolle Urlaube auf den Malediven."

Dort war ich im Übrigen bis heute nicht gewesen. Dafür aber auf Hawaii, wozu ich später noch ein paar Takte erzähle.

Ein Kumpel gab mir den Tipp, dass gerade ein Eckladengeschäft, eine alte Fahrschule, in Berlin Steglitz frei geworden ist und dass er den Auftrag hat, es zu renovieren. Bingo! Etwas über 80 Quadratmeter Ladenfläche, um die 700 € Warmmiete und eine tolle Lage. Das Geschäft war einfach perfekt! Und so habe ich im Frühjahr 2007 mein allererstes Ladengeschäft angemietet und geplant es schon im Sommer zu eröffnen. Vorher ließ ich die Räume noch komplett renovieren: Neuer Boden, passende Verkabelung, Einbruchmeldeanlage, Kameraüberwachung, neuer Tresen, Schaufenster - den ganzen "Bums" halt. Aber bevor ich den Laden eröffnen konnte, kam noch eine Kleinigkeit oder vielleicht doch eine etwas größe Angelegenheit dazwischen.

Es kommt immer anders, als man denkt!

Und jetzt kommen wir nicht nur zu einem der härtesten Kapitel dieses Buchs, sondern vor allem meines ganz persönlichen Lebens. Mir ist es wirklich wichtig aufzuzeigen, dass jeder seine Ziele erreichen kann, wenn er will. Und ich bin kein Finanzexperten-Guru oder Motivationscoach. Ich bin einfach "nur" René aus Berlin Neukölln mit einem Hauptschulabschluss. Naja gut, ich gebe es zu, es war schon ein erweiterter Hauptschulabschluss. Aber ich habe mich nicht unterkriegen lassen - zu keiner Zeit, von nichts und niemandem!

Leider musste ich nicht nur erleben, wie Personen oder andere Firmen einen verbal und mit Abmahnungen mit der Faust ins Gesicht schlagen können, sondern dass das Leben selbst noch eine viel härtere Rechte hat! Trotzdem möchte ich alle Leserinnen und Leser dazu animieren, aus meiner Geschichte zu lernen und den Kopf nicht in den Sand zu stecken, sondern immer einmal mehr aufzustehen, als man hinfällt! Glaubt mir, es lohnt sich!

Ich habe mich schon eine ganze Weile mit Knieschmerzen herumgeplagt. Das war wirklich schmerzhaft und mein Arzt wollte mich deshalb ständig krankschreiben, anstatt der Sache überhaupt auf den Grund zu gehen. Aber was soll ich mich in meiner eigenen Selbstständigkeit krankschreiben lassen? Das ergibt keinen Sinn.

Schließlich war ich mitten in der Renovierungsphase für mein neues und vor allem erstes eigenes Ladengeschäft. Ich war täglich auf der Baustelle und mein Kopf war voller Ideen für den Ausbau. Also verschrieb mir der Arzt diverse Medikamente in Kombination mit Einlegesohlen für die

Schuhe, Reizstromgerät, Salben, Sportübungen und das ganze Zeug. Ich kam mir irgendwann schon vor wie ein Versuchsobjekt! Geht's noch? Die Schmerzen blieben, also begann ich damit einfach zu leben. Doch dann wurden die Schmerzen immer heftiger und zogen weiter Richtung Hüfte. Inzwischen habe ich so eine Schonhaltung eingenommen, dass ich wie eine Ente gewatschelt bin und meine damalige Freundin, die ich zum selben Zeitpunkt kennengelernt hatte, drängte mich dazu, einen Arzt zu kontaktieren, dem ich es wohl zu verdanken habe, dass ich heute noch am Leben bin: Dr. Frank Markowsky mit seiner Praxis in Berlin Neukölln.

An dieser Stelle möchte ich mich aus tiefstem Herzen bei diesen zwei Menschen bedanken, die mir schlussendlich das Leben gerettet haben:

Danke Nadine:

Ohne dich hätte ich wohl keinen weiteren Arzt aufgesucht!

Danke Dr. Frank Markowsky:

Sie haben all Ihr Fachwissen genutzt, um die richtige Diagnose zu stellen und damit letztendlich mein Leben gerettet.

In der Praxis angekommen, wurde mir erklärt, dass Knieschmerzen auch durchaus mal von der Hüfte oder der Wirbelsäule kommen können. Deshalb wurde kurzerhand mein Becken geröngt. Dort war dann auch tatsächlich ein Schatten zu sehen. Nichts sonderlich Außergewöhnliches, denn es deutete auf eine Verkalkung hin.

Wie ich später erfahren musste, war ich mit meinen 29 allerdings dafür etwas zu jung. Meine Reaktion war sofort: "Sie können wirklich alles mit mir machen, außer Spritzen oder eine OP." Der Arzt schickte mich weiter zu einem CT.

Und dann begann der ganz persönliche Horrorfilm: Nachdem das CT gemacht wurde, ging ich mit den Ergebnissen erneut zu Dr. Markowsky. Dieser betrachtete die Bilder an so einer weiß beleuchteten Tafel, wie man sie aus jeder Arztpraxis wohl kennt und ging aus dem Behandlungszimmer. Kein gutes Zeichen. Er kam mit einem Kollegen wieder. Oh je, zwei Ärzte, die Fachbegriffe austauschen, die ich noch nie in meinem Leben gehört habe. Beide gingen wieder und nach einiger Zeit kam mein Arzt alleine wieder zurück. Er gab mir die CT-Bilder mit einem bedeutungsvollen Blick in die Hand und sagte: "Melden Sie sich bei dem Professor in diesem Krankenhaus." Auf meine Nachfrage, was denn nun sei, kam nur eine kurze, knappe Antwort: "Das wird Ihnen der Professor schon erklären. Es ist wirklich dringend!" Ich dachte mir: "Meine Güte, was macht er denn jetzt für eine Panik hier!"

In dieser Zeit befand ich mich auch noch gerade mitten in der Renovierungsphase meines neuen Geschäfts und fuhr nicht direkt ins Krankenhaus, sondern in meinen Laden, um zu schauen, wie es vorangeht. Ich habe die Situation absolut nicht ernst genommen, weil ich mich im Laden mehr gebraucht gefühlt habe. Also rief ich einen Kurierdienst an und ließ diesen dann die CT Bilder ins Krankenhaus zu dem besagten Professor bringen. Noch am selben Nachmittag rief er mich aus dem Krankenhaus an: "Hallo Herr Meinert, ich habe heute die Bilder von Ihrer Hüfte bekommen. Sitzen Sie gerade? Wenn nicht, tun Sie es bitte genau jetzt." Weil die Baustelle zu laut war, ging ich also auf den Innenhof raus und setzte mich.

Ich war 29 Jahre alt, mein Geschäft lief hervorragend und ich war gerade dabei meinen ersten eigenen Laden zu eröffnen, als ich wohl den Schock meines Lebens übers Telefon erleben durfte: "Sie haben einen 4 x 7 cm großen Tumor am rechten Hüftgelenk. Ob dieser gut- oder bösartig

ist, kann ich nicht sagen. Jedoch wird alles, was im Beckenbereich ist, grundsätzlich als bösartig angesehen und auch genauso behandelt. Ich werde Sie operieren und Sie bekommen ein künstliches Hüftgelenk. Außerdem werden wir einen Teil Ihres Oberschenkelknochens entfernen müssen."
"Puhhh ... wow - was? "Wie jetzt? Nochmal bitte!" Ich wusste gar nicht, was er da eigentlich gerade genau gesagt hat. Das musste ich erstmal verdauen! Ich musste mich tatsächlich erstmal wieder hinsetzen, da ich zwischenzeitlich aufgestanden bin. Am anderen Ende der Leitung hörte ich: "Sind Sie noch dran, Herr Meinert?" Ich konnte erstmal nicht viel mehr sagen als "Ja."
Dann die Frage, deren Antwort ich eigentlich am liebsten sowieso nicht hören wollte: "Was ist denn die Alternative zu der OP?" Seine klare Antwort:

"Es gibt keine Alternative. Wenn der Tumor bösartig ist, werden Sie sterben."

"Kommen Sie zu mir ins Krankenhaus und ich erkläre Ihnen alles genauer." Der Schock saß tief! Keine Alternative? Ich muss operiert werden? Nein, das geht nicht! Erstens hab' ich dafür keine Zeit und zweitens: Nein, keine OP.

Am nächsten Tag bin ich also tatsächlich zum persönlichen Gespräch ins Krankenhaus gefahren und der Professor erklärte mir nochmal alles ganz genau. Er zeigte mir, wie so ein künstliches Hüftgelenk ausschaut, die Operationsmethode und alles was dazugehört. Ich dachte echt, ich bin im falschen Film.

Er fragte mich: "Wann wollen wir Sie denn operieren? Diesen Donnerstag oder Freitag?"

Da kam ich echt ins Stottern. "Wie jetzt, noch diese Woche? So schnell? Ne, ganz bestimmt nicht."

Er erwiderte: "Sie erkennen den Ernst der Lage nicht, Herr Meinert."

Ich wiederum in meiner naiven Art: "Ich plane am kommenden Wochenende mit meinen beiden Cousinen in den Europapark zu gehen. Fest versprochen und Flüge, Hotel, Mietwagen - alles schon gebucht."

Seine Antwort: "Ihre Entscheidung, Ihr Leben. Genießen Sie noch das Wochenende und brechen Sie sich nicht das Bein. Nächste Woche werden Sie operiert. Ist Dienstag okay für Sie?"

Das ursprünglich fröhlich geplante Wochenende im Europapark war natürlich nicht einer der besten Freizeitparkaufenthalte meines Lebens, wie man sich vorstellen kann. Eine Woche nach dem Gespräch ging ich also ins Krankenhaus. Bei der Voruntersuchung bekam ich ein radioaktives Kontrastmittel gespritzt und wurde wieder ins CT geschoben. Da lag ich also in der Röhre mit diesem Atomsymbol genau vor den Augen, die Schwester schaute zu mir runter und sagte allen Ernstes: "Da haben Sie ja eine ganz schöne OP vor sich!"

"Na vielen Dank aber auch", dachte ich mir.

Bei meinem letzten Gespräch mit dem Professor vor der OP habe ich nochmal ganz deutlich gemacht, wie wichtig es mir ist, dass mir das Bein NICHT abgenommen wird. "Das haben wir nicht vor", sagte er.

Auf meine Frage, wie sicher das sei, kam aber die typische Antwort eines Arztes: "Na versprechen kann ich Ihnen nichts." Genau deshalb habe ich das Ganze schriftlich festhalten lassen. Denn auch wenn noch irgendwas entdeckt werden würde - mein Bein sollte dranbleiben. Dann sterbe ich lieber.

Mein Wunsch wurde wirklich respektiert, wir hielten es schriftlich fest und so viel kann ich verraten: Das Bein blieb dran, ist noch immer da und funktioniert. Zwar habe ich heute eine große Narbe, aber das war es auch schon.

Am Abend vor der OP saß ich unten im Krankenhausgarten mit dem Blick auf den Rettungshubschrauberlandeplatz und mir wurde plötzlich bewusst, wie schnell sich das Leben ändern kann. Von einer auf die andere Sekunde. 180 Grad mit einem schmerzhaften Schlag! Ich konnte es nicht mehr halten. Die Tränen liefen mir über's Gesicht und ich hätte am liebsten geschrien. Ich dachte mir "Was für eine riesige Scheiße hier!"

Das Konto war gut gefüllt, mein Lebenstraum ist dabei, sich endlich zu erfüllen, und nun das hier. "Das ganze verdammte Geld nützt dir überhaupt nichts." Das kann doch alles einfach nicht wahr sein. Mein Entschluss stand fest. Wenn die Sache hier vorbei ist, kaufe ich mir mein Traumauto. Einen Mercedes SUV 420 ML mit AMG Vollausstattung. Egal, was es kostet. Ich muss mein Leben mehr genießen und mir endlich was gönnen. Und wenn es eben das Traumauto ist.

Die Operation verlief glücklicherweise gut und ich lag circa 14 Tage in einem Einzelzimmer auf der Privatstation. Das war der Vorteil der Selbstständigkeit und eines Privatpatienten. Nach sieben Tagen durfte ich das erste Mal mit Hilfe einer Physiotherapeutin wieder aufstehen. Doch jeder, der auch nur einen Tag komplett flachgelegen hat, weiß, dass das nicht so einfach ist. Mir wurde komplett schwarz vor Augen, mein Kreislauf brach zusammen und ich lag schneller wieder im Bett, als ich aufgestanden war. Beim zweiten Versuch ging es aber und ich stand tatsächlich. Doch dann kam ein weiterer Schreckensmoment:

"Bewegen Sie einmal das rechte Bein etwas nach vorne"

hieß es von der Physiotherapeutin.

Ich schaute nach unten zu meinem Bein, gab im Kopf den Befehl, einen Schritt zu machen, aber es rührte sich nichts! Es ist einfach unvorstellbar. Ich gebe den Befehl einen Schritt nach vorn zu machen und es geht nicht. Mir schossen erneut sofort die Tränen in die Augen. Meine größte Angst hat sich bestätigt. Es funktioniert einfach nicht mehr! Die Physiotherapeutin beruhigte mich aber: "Das ist ganz normal. Geben Sie Ihrem Körper ein paar Tage Zeit." Ich muss mich auch hier nochmal bei ihr entschuldigen, denn ich bin mir sicher, meine Antwort war ziemlich ruppig. Sinngemäß in etwa so: "Hallo? Was soll da bitteschön noch funktionieren? Wenn ich nicht laufen kann, dann geht's eben nicht!" Letztendlich behielt die Physiotherapeutin recht und ich konnte wieder und kann bis heute tatsächlich gehen.

Der Tumor wurde im Labor untersucht und es hat sich wirklich bestätigt: Er war bösartig. Eine Chemotherapie gab's jedoch nicht, da es ein langsam wachsender Tumor war. Eine Chemo funktioniert nur bei einer schnellen Zellteilung. Aufgrund der Tumorgröße konnten die Ärzte einschätzen, dass er wohl bereits sieben bis zehn Jahre in meinem Körper herangewachsen ist. Gute Nachricht: Er hat nicht gestreut. Hätte ich die Diagnose fünf Jahre früher bekommen, wäre mir sehr wahrscheinlich das Bein abgenommen worden, hieß es später.

Warum? Ganz einfach: die Operationsmethoden haben sich verbessert. Hätte ich noch ein Jahr gewartet, hätte ich unter Umständen daran sterben können. "Was für ein Glück im Unglück", dachte ich mir. Es hört sich zwar makaber an, aber es passierte wohl alles genau zum richtigen Zeitpunkt. Zeit ist Geld und deshalb wusste ich mit meiner freigewordenen Zeit im Krankenhaus, in der ich mich nicht so richtig viel bewegen konnte, nichts anzufangen. Also arbeitete ich vom Krankenhausbett aus mit meinem Notebook an dem Verkauf der HiFi-Sachen weiter. Im Nachhinein betrachtet, war das für mich wohl die allerbeste Ablenkung in dieser Zeit, denn ich wollte mich auf gar keinen Fall mit den Gedanken zum Thema Krebs beschäftigen. Er war aus meinem Körper raus und ich wollte deshalb damit auch nichts weiter zu tun haben.

Als ich eines Tages im Badezimmer war, hörte ich es im Zimmer laut herumpoltern. Aber das war nicht ungewöhnlich, denn gefühlt alle halbe Stunde kommt jemand anderes rein: Blutabnehmen, Verbände wechseln, Saubermachen, Arztvisite, Essen bringen und so weiter. Als ich aber aus dem Badezimmer wieder herauskam, war mein Schrank aufgebrochen! Und was fehlte? Mein Notebook und mein tragbarer DVD Player. Echt jetzt?! Da geht man in ein Krankenhaus, weil es einem nicht gut geht und wird auf der Krankenstation tatsächlich beklaut! Die ernüchternde Antwort des Krankenhauses: "Das kommt öfter vor." Und das Schlimmste ist, dass weder das Krankenhaus noch die Versicherung den entstandenen Schaden zahlen. Denn es gibt schließlich eine Patientenkasse, also eine Aufbewahrungsstelle, bei der die Wertsachen verschlossen werden können. Stimmt, dort hätte ich erstmal hinlatschen sollen, um meine Wertsachen für die zehn Minuten im Badezimmer einzuschließen. Mein Fehler! Das Notebook war mir gar nicht so wichtig, die Daten auf dem Notebook viel mehr. Mein ganzes Geschäft war da drauf! E-Mails, Kundendaten usw. - eine mittlere Katastrophe ...

Nachdem ich einige Tage im Rollstuhl saß, funktionierte nach mehreren Physiotherapiestunden das Laufen mit Hilfe von Gehstützen endlich wieder. Der Professor entließ mich dann mit den Worten: "Achten Sie bloß darauf, dass Sie sich nicht die Hüfte ausrenken, sonst müssen wir Sie erneut operieren."

"Da können Sie sich aber sicher sein!", dachte ich mir, denn so toll ist ein Krankenhausaufenthalt nun auch wieder nicht. Und wieder einmal kam es anders als erwartet. Ich war schneller zurück, als mir lieb war ...

Ich übernachtete bei meinem Onkel, der Reviertierpfleger im Berliner Zoo war und dort auch eine Dienstwohnung in der Nähe der Robben hatte. Warum ich ausgerechnet dort geschlafen habe? Ich habe meinen Onkel, meine Tante und meine zwei Cousinen unwahrscheinlich lieb und deshalb früher auch viel Zeit im Berliner Zoo verbracht. Wenn die Besucher aus dem Zoo waren, bin ich mit meinen Cousinen auf den Spielplatz gegangen oder wir sind Fahrrad gefahren. Wir hatten einfach eine tolle Zeit. Aus tiefstem Innern wollte ich mir wahrscheinlich diese schönen Momente irgendwie wieder zurückholen. "Kann ich ein bis zwei Nächte zu euch?", fragte ich einfach. "Klar, wir sind eine Familie", war die Antwort, über die ich mich riesig gefreut habe. Gesagt, getan.

Ich schlief im Zimmer meiner großen Cousine auf dem Boden. Also genauer gesagt auf einer Matratze. Denn auf das Hochbett kam ich ja nun leider nicht mehr. Klettern mit meinem frisch operierten Bein war nicht möglich. Am nächsten Morgen hatte ich unglaubliche Schmerzen am rechten Hüftgelenk und dachte mir nur: "Oh je, nicht das auch noch!" Ich habe mir die frisch operierte Hüfte ausgerenkt und konnte gerade so mein Handy schnappen, um meine Tante anzurufen. Ich war zu diesem Zeitpunkt ganz alleine in der Wohnung. Mein Onkel war arbeiten und kümmerte sich um die Flusspferde. Wo meine Cousinen waren, weiß ich gar nicht mehr.

Da meine Tante Altenpflegerin ist, rief ich sie an: "Kennst du einen Orthopäden, der auch mal zu euch nach Hause kommen kann und das JETZT SOFORT?" Sie war natürlich absolut schockiert: "Bleib' da, wo du bist!" und legte auf. "Haha, wo soll ich denn auch hin?", war mein Gedanke. Kurze Zeit später stürmte mein Onkel ins Zimmer, wo ich mehr oder weniger hilflos herumlag. Wow, was für ein Vorteil, wenn man von seinem Arbeitsplatz keine 5 Minuten nach Hause braucht. Er rief sofort den Notruf an. Und dann begann das richtige

Spektakel. Ich kann euch sagen: Das war nun die ganz große Nummer.

Weil die Wohnung wirklich inmitten des Berliner Zoos lag, verzögert sich so eine Anreise des Rettungswagens natürlich auch dementsprechend. Der erste angekommene Rettungswagen stellte fest, dass hier ein Notarzt benötigt wird. Als der ankam, räumte er alle Schulunterlagen meiner Cousine mit einem Wisch von ihrem Schreibtisch, zog dort Spritzen auf und platzierte sie dort. Gleichzeitig rief er zu seinem Kollegen: "Hol' schon mal den Defibrillator!"

"Halllooo?", sagte ich entgeistert. "Defibrillator? Was wollen Sie mit einem Defibrillator? Ich habe doch keinen Herzinfarkt", hörte ich mich nervös sagen.

"Ne, haben Sie nicht, aber nur zur Sicherheit", meinte er. Weitere Gespräche liefen ungefähr noch so ab: "Wir brauchen eigentlich den Hubschrauber für den Transport, aber im Zoo gibt es keine freie Fläche, die groß genug zum Landen ist. Der nächstgelegene Platz wäre der Breitscheidplatz." Da war aber gerade die Beerdigungsfeier von Klaus Jürgen Wussow, dem Professor aus der Serie "Die Schwarzwaldklinik".

Dann kam noch der dritte Rettungswagen angefahren, da beim ersten die spezielle Trage defekt war. Somit standen auf einmal um die zehn Feuerwehrleute in der Wohnung meines Onkels. Ich dachte mir nur: "WOW, ist mir das peinlich ... Die sind alle wegen mir hier. Ojeh, René!"

Nachdem mir irgendeine Spritze verabreicht wurde, bin ich erst wieder im Krankenwagen wach geworden. Der war auf dem Weg ins Krankenhaus nach Berlin Steglitz. Genau dorthin, wo ich meine neue Hüfte bekommen hatte. Dort angekommen, durfte ich wenigstens noch meine damalige Freundin schnell anrufen. Danach wurde ich direkt auf den Behandlungstisch gelegt, über dem ein riesiges Röntgengerät hing. Mein behandelnder Arzt war wirklich der coolste:

"So, wir werden Sie nun röntgen und schauen mal, ob wir die Hüfte ohne OP wieder einrenken können. Wenn nicht,

werden wir Sie sofort in den OP weitergeben müssen. Ich lag nun unter dem Röntgengerät und bekam wieder irgendeine weitere Spritze mit einem komischen, weißen Zeug darin, in die Adern gespritzt. Der Arzt stand neben mir und ich fragte ihn, was nun als nächstes passiert bzw. wann ich geröngt werde. Da lachte er nur herzlich: "Herr Meinert, es ist doch schon wieder Geschichte. Alles erledigt, Sie haben es hinter sich. Wir konnten die Hüfte so wieder einrenken."
"Hä, wie jetzt?" dachte ich mir. Das milchfarbene Zeug hatte es wirklich in sich. Ich habe weder mitbekommen, dass ich eingeschlafen, noch dass ich wach geworden bin und auch nicht irgendetwas anderes - glücklicherweise! Voll geil! "Kann man das Zeug irgendwo kaufen?", fragte ich mich spaßeshalber.

Ich blieb noch einen weiteren Tag zur Beobachtung im Krankenhaus und dann war für mich diese Phase endgültig und ein für alle Mal in dieser Zeit erledigt. Nach dem Krankenhaus war ich noch drei Wochen lang in einer ambulanten Reha. Das dauerte täglich ein paar Stunden und war ganz okay: Wassergymnastik, Massagen und sowas halt. Die Vorträge zum Thema Krebs habe ich rigoros aus meiner Aufgabenliste streichen lassen.

"Aber Herr Meinert, Sie müssen sich doch mit diesem Thema auseinandersetzen", hieß es. Nein! Muss und werde ich nicht. Das Thema ist abgehakt und erledigt. Warum sollte ich meine kostbare Energie für etwas einsetzen, das nun Vergangenheit ist? Auf keinen Fall!

Aber ich hätte eine andere Idee: "Dann verschreiben Sie mir lieber einmal mehr Massagen, da habe ich mehr von!" Mein Wunsch wurde sogar berücksichtigt und war tausendmal angenehmer als die Alternative.

Während der Reha-Zeit wurde ich dann gefragt, ob ich einen Antrag auf Schwerbehinderung stellen möchte. Mir war zunächst nicht klar, was ich davon haben sollte. Als mir erklärt wurde, dass es neben Vorzügen in Sachen Urlaub und Kündigungsschutz auch steuerliche Vorteile gibt, war meine Antwort: "Machen Sie mal." Denn Letzteres war für mich ein nettes Argument.

Kurz nachdem die Reha dann zu Ende war, bekam ich Post vom Versorgungsamt: Bums ... 100% Schwerbehinderung! Wow! Das ist nicht alltäglich, wie ich später erfahren habe.

Warum ich diese ganze Geschichte mit meiner Krankheit überhaupt erzähle, ist nicht, weil ich große Lust auf Mitleid habe. Im Gegenteil. Ich möchte damit aufzeigen, dass es möglich sein kann, sein Ziel weiter zu verfolgen, auch wenn mal etwas wirklich Schlimmes dazwischenfunkt.

Deshalb ist es wichtig, sich von nichts und niemandem abhalten oder unterkriegen zu lassen. Immer das Beste aus jeder Situation zu machen! Natürlich hätte ich auch den Kopf in den Sand stecken und herumjammern können, wie schlecht es mir geht und dass ich sterben könnte. So ein Blödsinn! Das Gejaule bringt mich eh nicht weiter und ist auch nicht mein Ding.

Man darf sich niemals aufgeben. Merkt euch das bitte!

Ich habe genau das Gegenteil getan. Nach der Operation war mir der eigentliche Befund egal. Meine einzige Frage: "Ist der Tumor weg - ja oder nein?" Nach dem "Ja" war das Thema Krebs für mich endgültig erledigt. Haken dran. Weiter geht's!

Die Ärzte in der Reha haben natürlich nicht schlecht geguckt, doch ich brauchte so viel Energie, um nach vorne zu gehen, mein Geschäft am Laufen zu halten, voranzubringen und an der Vergangenheit kann ich nun mal nichts ändern. Auch wenn manches weh tut und nicht so gelaufen ist, wie ich es mir vielleicht gewünscht habe. Wir können nun mal nur das ändern, was in der Zukunft liegt!

Kurz danach hatte ich sogar noch einen Leistenbruch, der auch operiert werden musste. Aber das möchte ich gar nicht weiter thematisieren, sondern damit eigentlich nur sagen, dass zwei OPs innerhalb weniger Wochen ganz schön hart sind.

Wie der Berliner gerne sagt: "Dit Leben ist keen Ponyhof!"

Mein erstes richtiges Ladengeschäft

Nach einigen Verzögerungen durch meine Reha eröffnete ich nun endlich mein neues Ladengeschäft in Berlin Steglitz. Ich war so mega stolz! Tolle Eröffnungsfeier mit allem Drum und Dran. Catering, gute Laune - es fehlte an nichts. Ich hatte es einfach geschafft. Vor allem gleich von Anfang an mit einer Festangestellten. Bei meiner Eröffnungsparty war ich selbst noch auf Gehstützen angewiesen und ziemlich abgemagert, aber ich hatte es überstanden! Mein tolles Schaufenster war binnen weniger Wochen, wie schon meine Wohnung vorher, komplett mit Ware vollgestapelt.

Mein Business war klar. Masse bringt Gewinn. Ich verzichtete auf lange Einzelkundengespräche, war der günstigste auf dem Markt und die Kunden, die bei mir kauften, wussten das auch. Mein Hauptgeschäft war online, aber ich bot den Kunden nun auch an, die Ware direkt bei mir im Laden abzuholen und zu bezahlen. Nach einem halben Jahr nahm das Geschäft im Laden solche Ausmaße an, dass ich noch einen zweiten Mitarbeiter einstellen musste, um das hohe Paketaufkommen, E-Mails, Bestellungen usw. irgendwie bewerkstelligen zu können.

Der ein oder andere Berliner wird sich an meinen Laden vielleicht auch erinnern können: Das Schaufenster hatte eine neonblaue Beleuchtung. Manche Menschen wussten zwar mit meiner Firma nichts anzufangen, aber den Laden mit dem blauen Neonlicht kannten viele. Nicht selten haben die Leute bei Unterhaltungen gestaunt: "Wie das ist dein Laden, René?", fragten sie mit großen Augen. "Na logisch!", erwiderte ich stolz.

Wie schon in meiner kleinen Wohnung, arbeitete ich oft bis nach Mitternacht. Das war für mich einfach die ruhigste Zeit. Keine Anrufe oder E-Mails. Da konnte ich ganz entspannt alles abarbeiten. Ich muss es einfach erwähnen, weil das solche prägenden Momente für mich waren.

Hier ein Beispiel, das mir ganz besonders in Erinnerung geblieben ist: Es war gerade Weihnachtszeit und ich saß, wie so oft, bis spät in die Nacht in meinem schön beheizten Laden. Draußen schneite es wie verrückt und meine blaue Ladenbeleuchtung erhellte die ganze Straßenkreuzung. Als ich Feierabend machte, lief ich zu meinem Auto, drehte mich um und sah zu meinem Laden zurück. Dieser Anblick meines eigenen Geschäftes. Der Schnee rieselte ganz friedlich herunter und außerdem war es mal wieder ein extrem erfolgreicher Tag gewesen. Das machte mich einfach nur mega happy!

Ich habe mir das selbst aufgebaut. Auf dem Heimweg fuhr ich durch das verschneite Berlin. Durch den vielen Schnee hörte man noch nicht einmal die Autoreifen auf der Straße. Es gab nur ein dumpfes Geräusch, als wenn man durch den Schnee läuft. Das sind so die kleinen Momente im Leben, wo man sagt: "Ja, alles richtig gemacht!" Naja, vielleicht nicht alles, aber zumindest so viel, dass ich selber sagen konnte, dass ich zufrieden bin.

Da mein Business gut lief, beschloss ich pünktlich zu Weihnachten, das erste Mal in meinem Leben etwas zu spenden. Ich hatte irgendwie das Bedürfnis, etwas zurückzugeben. Ich beschloss daher, 1.000 € in die Hand zu nehmen und Spielsachen für eine Krebsstation eines großen Berliner Krankenhauses zu spenden. Nachdem ich einige Telefonate und E-Mails mit gleich mehreren Krankenhäusern geführt habe, kam ich leider zu der nüchternen Erkenntnis, dass meine Spende gar nicht so sehr erwünscht war. Vielmehr sollte ich doch die 1.000 € auf ihr Konto überweisen und sie würden dann dafür etwas einkaufen. Genau das wollte ich ja mit meiner Sachspende vermeiden. Denn wer weiß, wofür das Geld genutzt werden würde. Verwaltungsaufwand, Vorstandsgehälter oder Ähnliches?

Dass sich das so schwer gestalten würde, wenn man eine Spende machen möchte, hätte ich nicht erwartet. Da keines der Krankenhäuser eine Sachspende haben wollte, schwenkte ich auf Kinderheime um. Auch hier musste ich erstmal zahlreiche Telefonate führen und E-Mails verfassen, bis ich Erfolg hatte. Wir verblieben so, dass ich vom Heim eine Liste an benötigtem Spielzeug erhalte. Diese Liste leitete ich an ein großes Spielzeuggeschäft weiter, mit der Bitte, mir für den Betrag so viel wie möglich von dem, was auf der Liste steht, weihnachtlich zu verpacken. Pünktlich zu Heiligabend, fuhr ich zum Spielzugladen, klappte die Rücksitzbank um und lud mein Auto voll mit all den Geschenken. Ich hatte sogar etwas Hilfe, denn meine Freundin begleitete mich. Am Kinderheim angekommen, durften wir die Geschenke direkt am Eingang abstellen und das war's dann auch schon.

Eigentlich hatte ich mir den Empfang etwas netter vorgestellt. Ich habe bestimmt nicht die große Dankbarkeit erwartet, aber ein freudiges Kinderlächeln wäre irgendwie schon toll gewesen. Naja, eventuell habe ich meine Erwartung zu hoch angesetzt.

Ich weiß bis heute nicht, ob die Geschenke tatsächlich so angekommen sind, wie ich es mir eigentlich erhofft hatte. Seit diesem Tag habe ich jedenfalls für mich beschlossen, dass ich für Menschen nicht mehr spenden werde. Allein die Umstände, eine geeignete Einrichtung zu finden, die Kinderspielzeug annimmt. Und dass es dann auch noch dort ankommt, wo es hinsoll, also zu bedürftigen Kindern. Das hat sich schon als so schwer erwiesen, dass ich seit diesem Tag nur noch Sachspenden für Tiere abgebe. Aber auch das ist meine ganz persönliche Einstellung zum Thema Spenden. Man lernt halt immer wieder dazu ...

Mein Traumauto

Nachdem der Laden nun gut anlief, war noch eine Sache zu erledigen. Ihr erinnert euch? Richtig: Ich musste mir noch mein eigenes Versprechen erfüllen - mein neues Auto: Der Mercedes ML 420 AMG. Ich bin also direkt zu Mercedes gefahren, um mein absolutes Wunschauto mal von Nahem anzuschauen und es auch am liebsten gleich zu bestellen. Hab' ja schließlich lange genug gewartet und verdient habe ich es mir auch.

Ich bin also in das Mercedes Autohaus reingelatscht, wie ich immer rumlaufe - wie ein Schlumpf eben. Also kein Anzug, Krawatte oder irgendwelche Luxus-Schickimicki-Hemden.

Dort angekommen, sagte ich der Autoverkäuferin, welches Fahrzeug ich gerne haben möchte und sie fragte nach der gewünschten Sonderausstattung. Meine Antwort: "Alles außer Aschenbecher, bitte."

"Wollen Sie beheizbare Rücksitze, TV-Entertainment System und und und?"

Ich erwiderte: "Wie gesagt, alles außer Aschenbecher. Klicken Sie in Ihrer Rechenmaschine bitte einfach jedes Feld an, was es dort anzuklicken gibt und nennen mir den Preis."

Ich konnte genau in ihrem Gesichtsausdruck sehen, dass sie mich nicht ernst nahm. Ehrlich gesagt, wie auch? Da kommt ein 30-jähriger "Futzi" wie ich ins Autohaus, ohne irgendein sonstigen Anschein Kohle zu haben und erkundigt sich nach einer richtig teuren Karre.

Mal wieder wurde ich unterschätzt. Vor allem, als ihr PC den Betrag von guten 120.000 € ausspuckte. Deshalb hat die Dame sich wohl nicht weiter drum gekümmert, als ich sie fragte, welcher Rabatt denn bei so einer gewählten Ausstattung möglich sei: "Tut mir leid, kein Rabatt möglich." Ja ne, ist klar. Ich nahm mir also den Ausdruck sowie die Fahrzeugbroschüre mit und verabschiedete mich höflich.

Auf Wiedersehen!

Zufälligerweise ist der damalige Freund meiner Angestellten kurze Zeit später von Smart in genau diese Filiale von Mercedes gewechselt und war nun dort als Verkäufer tätig. Lustig, wie das Leben manchmal spielt. Er kannte das Angebot, das mir vorher unterbreitet wurde und wusste auch, dass ich nicht gewillt war, den vollen Preis zu bezahlen.

"Hallo, Vollausstattung und kein Discount? Nicht mit mir, sorry." Er fragte mich: "Willste das Auto noch haben?"

"Na klar, aber nicht zum Listenpreis."

"Ach komm René, ich gebe dir einen Discount, aber dann kaufste den auch, okay?"

"Abgemacht!"

Als ich dann zur Unterschrift des Kaufvertrages wieder in die Filiale ging, lief mir die Verkäuferin erneut über den Weg. Ich fragte sie, ob sie sich an mich erinnern kann. "Ja, Sie sind der mit dem ML und der Vollausstattung", sagte sie.

"Ja, genau der bin ich und jetzt kaufe ich den Wagen wirklich hier. Aber nicht bei Ihnen, sondern bei Ihrem Kollegen, der mir einen Rabatt einräumt. Schönen Tag noch ...", grinste ich mit Genugtuung. Ihr Blick war der Hammer. "Tja, wer nicht will, der hat wohl schon", dachte ich mir. Noch nie hat jemand in der Zweigniederlassung diesen Fahrzeugtyp mit einer solchen Ausstattung und den unglaublich vielen Extras bestellt, habe ich später noch erfahren.

Manchmal muss man einfach das Geld rauskloppen und genießen.

Der Wagen wurde also extra für mich in den USA nach meinen Wünschen zusammengebaut und kam vier Monate später, genau so wie ich ihn bestellt hatte, in Deutschland bei mir an. Mein Traum hat sich somit erfüllt.

Diebstahl mit Folgen

Ermöglicht hat mir den ganzen Bums mein eigenes Ladengeschäft. Doch die 80 Quadratmeter Ladenfläche waren inzwischen einfach viel zu voll!

Deshalb haben wir unsere verkauften LCD- und Plasma-TV Geräte, aufgrund der Größe und des Gewichts, einfach draußen vor der Tür stehen lassen, wo sie leichter vom LKW verladen werden konnten. Man muss dazu sagen, dass mein Geschäft in einer gutbürgerlichen Gegend lag und ich deshalb wohl auch zu keinem Zeitpunkt irgendwelche Bedenken hatte, dass jemals hätte etwas passieren können. Aber Gelegenheit macht auch Diebe.

Wie jeden Tag, kam auch eines Tages die Spedition am Nachmittag zu mir, um die TV Geräte abzuholen. Alles lief zunächst wie gewohnt ab. Geräte wurden verladen und gezählt. Doch dann stellten wir fest, dass die Anzahl der Geräte nicht mit den Frachtpapieren übereinstimmte.

Zuerst ging ich einfach davon aus, dass wir uns verzählt haben. Der Fahrer fuhr ab und mir ließ es einfach keine Ruhe, wieso ein Gerät fehlte. Da ich meist der Letzte im Ladengeschäft war, dachte ich mir: "Schaue dir mal die Überwachungskameras an."

Eine Kamera hatte die Sicht durch die Eingangstür nach draußen und was ich da sah, ließ mich fast aus den Latschen kippen: Da war doch tatsächlich jemand so dreist, mir ein TV-Gerät direkt vor dem Laden wegzuklauen! Eine Person lief die ganze Zeit vor dem Laden auf und ab. Ein Fernseher, der nicht ganz im Blickfeld der Kamera lag, jedoch durch die Sonne einen Schatten warf, war mit einem Mal schlagartig verschwunden! Zuerst dachte ich: "Das kann doch wohl nicht wahr sein! Niemand schleppt am hellichten Tag einen 30 kg

Karton vor unserem Laden einfach so weg!" Doch leider musste ich feststellen, dass es genau so war.

Ich sicherte also direkt das Bild- und Videomaterial sowohl auf einem USB-Stick als auch auf DVD. Sicher ist sicher. Nach meinem Feierabend fuhr ich dann zur nächstgelegenen Polizeidienststelle, um Anzeige zu erstatten. Was ich dort erleben musste, war einfach nicht zu fassen! Nachdem meine Aussage bei einem Beamten in aller Gemütlichkeit ... sorry, Gründlichkeit ... aufgenommen wurde, sagte der Beamte zu mir: "Also, das Material auf dem USB-Stick können wir nicht auswerten. Wir haben kein USB Slot an unseren Dienstrechnern."

"Kein Problem. Ich habe es extra auch nochmal auf eine DVD gebrannt", erwiderte ich daraufhin.

Unglaublich aber wahr: "Nee, DVD funktioniert hier auch nicht. Wir haben lediglich CD-Laufwerke. Wir müssten das Material zur Auswertung in eine andere Dienststelle einsenden und das kann dann bis zu mehreren Wochen dauern", erklärte mir der Beamte.

"Willkommen im 21. Jahrhundert", dachte ich mir.

Ich schlug vor, das Material im Wunschformat am kommenden Tag auf einer gebrannten CD vorbeizubringen.

Am nächsten Tag habe ich natürlich meinen beiden Angestellten von dem Vorfall erzählt und schlug aus einem Bauchgefühl heraus Folgendes vor: "Wir machen das heute genauso wie gestern und wie gewohnt. Wenn wir die Lieferung der neuen TV Geräte am Vormittag erhalten, lassen wir einen Teil vor der Tür stehen. Wir passen diesmal aber genau auf. Ich hab' so ein Gefühl, der Typ kommt wieder. Denn wenn es einmal geklappt hat, warum sollte er nicht wiederkommen?"

Tja, was soll ich sagen? Ich behielt recht. Der absolute Hammer! Meine Angestellte entdeckte durch unser Schaufenster, dass jemand sich auf der gegenüberliegenden Straßenseite hinter Autos versteckte und unser Geschäft genau beobachtete. Es war derselbe Typ, der am Vortag auf der Kameraüberwachung hin und her lief. "Na warte" dachte ich mir. Ich war so perplex, dass der Typ tatsächlich so doof war, wiederzukommen, dass ich schmunzelnd aber total aufgeregt sofort die 110 wählte. Und ab genau hier beginnt das noch unglaublichere Abenteuer mit der Berliner Justizbehörde. Denn ich erinnere mich an das Gespräch wie folgt:

- *"Notruf der Berliner Polizei, wie kann ich Ihnen weiterhelfen?"*

- "Mein Name ist René Meinert und ich habe ein Ladengeschäft in der und der Straße bla bla bla. Ich benötige dringend einen Funkwagen, denn auf der gegenüberliegenden Seite steht ein Mann, der uns gestern ein TV-Gerät gestohlen hat. Er wird es wohl gleich wieder versuchen."

- *"Wie kommen Sie denn darauf, dass er Sie bestehlen will?"*

- "Na, weil er es gestern schon mal getan hat. Ihre Kollegen haben bereits meine Anzeige auf dem Tisch."

- *"Beklaut er Sie denn gerade?"*

- "Nein, noch nicht, aber er lauert auf der gegenüberliegenden Seite."

- *"Dann können wir auch nicht vorbeikommen."*

Ich dachte, ich flippe komplett aus! Da steht doch tatsächlich der Täter von gestern in unmittelbarer Nähe vor meinem Laden und die Polizei sagt, sie könnte nicht kommen? Das kann doch einfach nicht wahr sein! Deshalb beharrte ich darauf, dass ich hier dringend polizeiliche Unterstützung benötige. Nach einer gefühlten Ewigkeit, ließ der Beamte am anderen Ende der Leitung sich dann doch überreden, einen verfügbaren Streifenwagen vorbeizuschicken. Ich bedankte mich und bat darum, dass die Kollegen ohne Sirene eintreffen sollen, weil der Täter sonst die Beine in die Hand nimmt und abhaut.

Inzwischen haben meine beiden Angestellten beobachtet, wie der Täter mit seinem Fahrrad an der Hand vor meinem Geschäft entlang lief und die TV-Geräte genau begutachtete. Er stellte das Rad dann kurzerhand in der Seitenstraße ab und kam ohne wieder. Mein Angestellter fragte mich im selben Moment: "Soll ich ihn festhalten?"

"Wenn du dir das ganz ohne Polizeihilfe zutraust?", erwiderte ich daraufhin.

Ein Mann, ein Wort. Er legte seine Uhr sowie das Armband ab und rannte wie der Blitz aus dem Laden. Er hat sich den Täter direkt vor der Tür geschnappt und am Arm festgehalten. Ich humpelte gleichzeitig hinterher. Schließlich hatte ich gerade erst zwei OPs hinter mir gehabt. Ich nahm den Typen dann sofort in den Schwitzkasten und forderte ihn auf, mir seinen Ausweis und das Handy zu geben. Er zitterte total, gab mir bereitwillig seine Geldbörse und sein Handy. Dann sagte ich noch zu ihm: "Sag mal, bist du echt so bescheuert? Wir haben dir eine Falle gestellt und du bist drauf reingefallen!"

Diese Situation war im Nachhinein gesehen ziemlich riskant für uns, denn er hätte durchaus ein Messer oder Schlimmeres bei sich haben können. Doch wir standen komplett unter Adrenalin. Meine Angestellte informierte in der Zwischenzeit erneut die Polizei und der Funkwagen kam genau in dem Moment - natürlich nicht, wie gewünscht, ohne Martinshorn angerast, sondern mit vollem Alarm. Es hörte sich eher so an, als hätte ich gesagt "Bitte dreht die Sirenen mal so richtig auf, damit man euch schon von Weitem hören kann!"

Manches ist einfach sowas von "unfasslich", wenn ich das mal so sagen darf. Ja, ich weiß, es heißt "unfassbar", aber bei mir ist es eben immer "unfasslich"... Im selben Moment, als die Polizeisirene immer lauter zu hören war, hörte ich eine weitere Stimme sagen:

"**Scheiße gelaufen, wa?**"

Reflexartig drehten wir uns in die Richtung, aus der wir die Worte hörten und bekamen eine gute Ladung Tränengas oder Pfefferspray volles Rohr ins Gesicht. Natürlich ließen wir den Täter los, weil wir uns die Augen reiben mussten und wir auch gar nicht wussten, was denn jetzt hier los ist.

Der Typ, den wir eben noch sicher festhalten konnten, rannte nun mit seinem Kumpel, der uns angesprüht hatte, weg. Als die Polizei nur wenige Sekunden später am Laden ankam, lief ich sofort auf die Straße, brüllte völlig unter Strom: "Da laufen die beiden gerade! Hinterher!" und ich sprang wie im Film noch auf die Rücksitzbank mit in den Funkwagen rein und die Verfolgungsjagd begann. Leider war das Ganze vergebens, denn die Täter entkamen über einen anliegenden Park.

Auch ein weiterer Polizeiwagen, der bei der Suche mithalf, scheiterte letztendlich. Was für eine Aufregung. Die Straße voller Polizei und Krankenwagen, zahlreiche Zeugen, die bereit waren eine Aussage zu machen und wir standen komplett unter Schock. Also ich hab' ja schon eine Menge bis hierher erlebt, aber das war mal wie ein spannender Action-Film oder ein guter "Tatort". Meine Güte! Was für ein Erlebnis!

Meine Angestellte hatte mittlerweile schon das Fahrrad des Täters in den Laden geschleppt. Und wir standen somit nicht ganz ohne da. Ich überreichte der Polizei den Ausweis

sowie das Handy des Täters und gab ihnen den Hinweis, das Telefon bitte schnellstmöglich daraufhin zu kontrollieren, wer der letzte Anrufkontakt war. Das müsste dann ja wohl der Tränengaskomplize sein.
"Herr Meinert, die polizeilichen Ermittlungen überlassen Sie dann mal bitte uns."
"Okay, die werden ja schon wissen, was sie tun", dachte ich mir.

Nachdem der Vorfall inklusive der Zeugenvernehmungen erledigt wurde, nahm die Polizei das Fahrrad, den Ausweis und auch das Telefon mit. Ich hatte die Faxen dicke für den Tag und schloss den Laden ab. Auf Anraten der Polizei fuhr ich ins Krankenhaus, um die Körperverletzung durch das Spray in einem medizinischen Bericht festhalten zu lassen.

Einige Tage später kam dann nochmal eine Polizistin in meinen Laden, um alle Informationen genau aufzunehmen und vor allem den Vorfall von der Kameraüberwachung einzusehen.

Als ich die Beamtin fragte: "Konnten Sie den Täter schnappen?", antwortete sie mir: "Nein, denn an der Meldeadresse, die auf dem Ausweis steht, wohnt er nicht mehr." Meine Frage nach dem Komplizen wurde völlig genervt mit: "Na, woher sollen wir denn wissen, wer der andere Täter ist?", beantwortet. Wie konnte ich bloß denken, dass die Polizei für genau solche Fälle und Ermittlungen zuständig ist?

Daraufhin versuchte ich es aber nochmal, denn wir standen ja nicht ohne alles da: "Mit dem Handy hat der Dieb doch sicher seinen Kumpel zur Hilfe gerufen. Sie haben das Handy vom Täter, also somit auch die zuletzt gewählte Nummer, oder?"

Und dann kam der Satz, wo ich mir noch heute an die Stirn fasse, wie man als Ermittlungsbehörde so dumm sein kann.

"Achso ja, das Handy. Das wollten wir uns heute morgen tatsächlich anschauen, aber da war der Akku leer und nach dem Aufladen war es PIN-geschützt. Da kommen wir nicht ran."
"Wie bitte?" Ich dachte, ich höre nicht richtig. Erst Akku leer, dann PIN geschützt? Ich erinnerte mich noch an die Worte des Beamten: "Die polizeilichen Ermittlungen überlassen Sie mal lieber uns, Herr Meinert."
Tja, die Nummer läuft ja richtig gut. 1A mit Sternchen.

Die Polizistin nahm noch das Videomaterial auf CD mit und verabschiedete sich mit der Bemerkung, dass der Fall als "missglückter Raubüberfall mit Körperverletzung" eingestuft werden würde. Doch damit war diese Geschichte noch lange nicht beendet gewesen. Denn jetzt kommt das richtig dicke Ende: Einige Tage später, kurz nach Ladenschließung, als ich, wie so oft, der Letzte im Laden war, stand eine Frau vor meinem Laden und schaute immer durch die gläserne Eingangstür hinein. In einem gewissen Abstand war da noch ein Mann und neben ihm stand doch tatsächlich der Typ vom Überfall. Mir wurde etwas mulmig. Na super. Kommt jetzt die Rache? Genau in dem Moment als ich zum Telefon griff, klopft die Frau an die Eingangstür und zeigte mir ihren Kripo-Ausweis. Ich öffnete die Tür und sagte mit ziemlich freudig erregter Stimme: "Na, da haben Sie ihn ja endlich geschnappt! Wie haben Sie das denn jetzt noch so schnell hinbekommen?"
Den Blick würde ich gerne wiedergeben. Aber man kann sich gar nicht vorstellen, wie verblüfft die Kripobeamtin mich angeschaut hat.
Sie fragte mich: "Wie? Wen haben wir? Wir sind hier zur Tatortbegehung. Dieser Mann hier behauptet, dass eine Person aus diesem Laden ihn beraubt hat. Konkret geht es um sein Fahrrad, Handy und den Ausweis."

"Hallo? Ich glaube, ich höre nicht richtig. Sie sind hier, weil der Typ dort von jemandem aus meinem Laden bestohlen wurde?", erwiderte ich entsetzt. Ich fragte die Beamtin ganz direkt:
"Sie wollen mich hier verarschen, oder?"
"Nein, wir sind hier zur Tatortbegehung. Besitzen Sie einen orangenen Pullover?"
"Nein, besitze ich nicht, mein Angestellter schon. Aber bevor Sie hier weitere Fragen stellen: Ist das Ihr Ernst hier gerade?
"Ja, aber selbstverständlich, warum fragen Sie?", schaute sie verwundert.
"Rufen Sie bitte Ihre Kollegen an, denn die haben sowohl das Fahrrad, das Handy als auch den Ausweis Ihres angeblichen Opfers. Und wenn wir schon mal dabei sind: Sie können sich das ganze Spektakel, welches hier vor einigen Tagen passiert ist auch gerne auf Video ansehen!"
Sie ließ mich kurz stehen und telefonierte. Als sie zurückkam, sagte sie: "Also, so ein Bär wurde mir ja noch nie aufgebrummt. Das angebliche Opfer beschäftigt die Polizei schon den ganzen Tag und wir sind eigentlich nur noch zur abschließenden Tatortbegehung hergekommen."
Es dauerte nicht lange bis weitere Polizisten dazu kamen und ich dachte mir nur: "Sorry, wie kann man als Behörde nur so unfähig sein? Wenn jemand so eine Tat begeht, dann muss er doch im System per Haftbefehl gesucht werden. Das kann doch alles nicht wahr sein!"
Letztendlich war der Täter noch vor Ort geständig und erklärte den Beamten dann den tatsächlichen Ablauf der Dinge. Anschließend wurde mir mitgeteilt, dass der Täter drogensüchtig sei, das TV-Gerät geklaut hat, um die Ecke gelaufen ist, wo es ihm dann selbst gestohlen wurde. Ja ne, ist klar ...
Einige Monate später kam dann die ganze Angelegenheit vor Gericht. Doch das Urteil war der nächste Hammer: Der

Täter muss nur das entwendete TV-Gerät bezahlen. Sogar nur den Einkaufspreis des Gerätes und nicht mal den Verkaufspreis. Keinen Cent mehr ... "Was ist mit Schadensersatz? Verdienstausfall? Körperverletzung?" fragte ich völlig entsetzt. Der Angeklagte war nicht derjenige, der das Pfefferspray gesprüht hat und kann deshalb dafür auch nicht haftbar gemacht werden. Da er auch keine Angaben zum tatsächlichen Täter macht, kann man da jetzt auch nichts weiter machen.

Der Hammer ist gefallen - Verfahren beendet!

Ich dachte, ich spinne. Letztendlich musste ich sogar auch noch eine Ratenzahlung akzeptieren, die nicht mal vollständig beglichen wurde. Das nenne ich mal Gerechtigkeit. Aber wir müssen ja Verständnis haben, denn er hatte bestimmt eine ganz schlimme Kindheit gehabt und kann also auch nichts dafür. Leute, Leute ... Da fasste dir nur noch an den Kopf!

Die Gier des Finanzamts

Das Onlinegeschäft boomt. Nicht nur, dass ich immer mehr Kunden hatte und dementsprechend Umsatz generierte, nein, das Finanzamt stand auch immer fleißig parat. Vorsichtshalber besprach ich deshalb mit meinem Steuerberater, mit dem ich dann auch bereits per "du" war, dass das Amt eine Einzugsermächtigung bekommen sollte, damit ich keinesfalls mal zu spät zahle und somit Säumniszuschläge erhalte.

Trotzdem begann dann der Spaß: "So, Herr Meinert, wie wir sehen können, laufen die Geschäfte gut. Für das kommende Jahr berechnen wir Ihnen deshalb eine Steuervorauszahlung von 130.000 €."

Ich wunderte mich und fragte nach: "Was für eine Vorauszahlung denn?"

"Wir stufen Sie jetzt so ein, dass Sie nächstes Jahr mindestens genauso viel verdienen werden wie dieses Jahr und deshalb benötigen wir das Geld per Vorkasse." Ich dachte, ich höre nicht richtig.

"Wie jetzt Vorkasse? Steuern im Voraus haben wollen, ohne dass ich dafür bereits Geld eingenommen habe?" Das war für mich völliges Neuland gewesen.

Ich versuchte mit aller Logik auf die Dame vom Finanzamt einzureden: "Wenn ich so eine hohe Vorauszahlung leisten muss, kann ich keine Ware in dem Umfang einkaufen, wie ich gerne möchte. Das bedeutet weniger Umsatz, weniger Gewinn und letztendlich auch weniger Steuern. Das kann doch auch nicht im Interesse des Finanzamtes sein, oder?"

Die Dame ließ nicht mit sich reden und/oder wollte es nicht verstehen. "Wenn Sie weniger Gewinn machen sollten, bekommen Sie den zu viel bezahlten Betrag selbstverständlich zurück", hieß es.

"Hallo? Haben Sie nicht verstanden, was ich gerade gesagt habe?"
"Herr Meinert, Sie haben dem Finanzamt eine Einzugsermächtigung erteilt und den Betrag haben Sie an dem Tag für die Abbuchung auf dem Konto zu haben."
Ich dachte mir: "Es ist ja wirklich unfassbar, wie hier mit einem relativ neuen, aber sehr erfolgreichem Geschäft umgegangen wird!" Im Nachhinein gesehen, gab diese Dame vom Finanzamt mir nur die Gelegenheit etwas zu ändern. Wie konnte ich der Situation am einfachsten entgehen? Klar!

"Ich mache die Bude dicht und gründe eine neue Firma!"

Ich schloss kurzerhand die Limited und gründete eine GmbH. Eigentlich hatte ich das eh mal ins Auge gefasst gehabt. Die Limiteds kamen immer mehr aus der Mode und hatten mittlerweile einen wirklich schlechten Ruf, da jeder mit wenig Eigenkapital diese Firmenart günstig gründen konnte.

Eine GmbH hört sich dagegen groß und mächtig an. Die 25.000 € hatte ich im Gegensatz zu den vorangegangenen Jahren nun auch locker parat. Aber das Beste an der Geschichte kommt erst noch: Nach einiger Zeit rief mich eine weitere Dame vom Finanzamt an und fragte mich allen Ernstes, warum ich denn eine so gut laufende Firma (die Limited) geschlossen habe.

Als ich ihr erklärte, dass die Steuervorauszahlung mir einfach zu hoch war, ich auf diese Weise nicht genügend Ware einkaufen könnte und ich keinen weiteren Sinn in meiner Arbeit sah, schlug der nächste Satz direkt in die Magengrube:

"Also Herr Meinert, wir hätten doch über alles reden können."

Ich dachte mal wieder, ich höre nicht richtig. Unglaublich! Ich war wirklich sprachlos, denn genau das habe ich versucht zu sagen. Ich ließ die Dame deshalb in dem Glauben, ich hätte das Geschäft tatsächlich komplett aufgegeben, damit das Finanzamt aus sowas mal lernt. Damals waren die Systeme noch nicht so gut verknüpft, sodass sie meine neue GmbH-Gründung gar nicht gesehen hatte. Das heißt, sie wusste gar nicht, dass ich einfach eins zu eins mit einer anderen Firmierung weiter gemacht hatte. Aber wer weiß, ob die Programme heute besser funktionieren und ich glaube auch nicht daran, dass das Finanzamt irgendwelche Lehren aus solch einem Fehler gezogen hat. Zumindest habe ICH daraus gelernt und das ist doch auch was wert. Denn von da an blieb bei mir deutlich hängen: Wo der Staat zugreifen kann, schlägt er auch gnadenlos zu.

Am besten den Selbstständigen rechtzeitig den Knüppel zwischen die Beine hauen, bevor er zu groß wird.

Zumindest hat es bei mir genau diesen bleibenden Eindruck hinterlassen. Doch für mich hatte das Ganze auch etwas Positives: Durch den Namenswechsel von Ltd. auf GmbH schoss der Umsatz von einem auf den anderen Monat auf gut das Doppelte hoch. GmbHs waren einfach deutlich besser angesehen.

Das muss man mal auf sich wirken lassen: Ich, René Meinert, der Hauptschüler aus Berlin Neukölln, machte nun mittlerweile richtig Umsatz. Es gab sogar ein oder zwei Monate, in denen ich Ware für über eine Million binnen 30 Tagen umgeschlagen habe. Wohlgemerkt: Das Ganze aus einem kleinen Laden in Berlin-Steglitz. Unfassbar ...

Unangenehme Erfahrungen und Urteile

Niemand soll den Eindruck haben, dass mir alles nur so zugeflogen kam und es super einfach für mich war, erfolgreich zu werden. Ich habe so einige Beispiele dafür, welche Steine mir teilweise in den Weg gelegt wurden.

Die wohl größte Enttäuschung habe ich durch Chris aus den USA erlebt. Pünktlich zu Beginn der Weltwirtschaftskrise meldete mein US Großhändler Privatinsolvenz in den Vereinigten Staaten an. Das an ihn in bar übergebene und zusätzlich überwiesene Geld, exakt $ 121.249,50, war somit "futsch" - sozusagen spurlos verschwunden oder in Luft aufgelöst.

Ein herber Rückschlag, denn damit hätte ich niemals gerechnet.

Ich erstattete Strafanzeige bei der Berliner Polizei wegen Betrugs. Mein Anwalt bekam Akteneinsicht in die nunmehr 74-seitige Ermittlungsakte, aber letztendlich verlief alles im Sande. Die Einstellung des Verfahrens wurde damit begründet, dass der Beschuldigte sich in den USA befindet und die Erfolgsaussichten damit als zu gering einzustufen sind. Mein Pech eben. Und wieder etwas Lehrgeld bezahlt.

Dazu muss ich sagen, dass ich Ungerechtigkeit überhaupt nicht abhaben kann. Das ist zwar auf der einen Seite vielleicht gut, aber hat auch den Nachteil für andere, dass ich mittlerweile sofort merke, sobald ich an der Nase herumgeführt werde.

Bei der Geschichte mit Chris aus den USA waren mir leider komplett die Hände gebunden, da ich mich zu diesem Zeitpunkt mit der Gesetzeslage in den Staaten überhaupt nicht auskannte. Für den Rest der Menschheit, die mich ungerecht behandelt haben, gilt ganz klar:

Ich vergesse nicht. NIEMALS! Und das ohne Ausnahme!

Deshalb sagen Freunde über mich: "Wenn sich der Pittbull René einmal festgebissen hat, lässt er nicht mehr los." Ja, das ist tatsächlich eine meiner Schwächen, denn ich verbeiße mich auch teilweise in Sachen, die gar nicht so wichtig sind, aber weil sie ungerecht sind oder waren, lasse ich es mir einfach nicht gefallen. Mittlerweile sehe ich das aber auch etwas lockerer und konzentriere mich mehr auf wichtigere Dinge im Leben. Zumindest rede ich mir das ab und zu so ein ... Aber ich bringe gerne mal ein paar Beispiele, damit man besser versteht, worum es eigentlich geht.

Nicht nur meine Firma wurde mehrfach von Kunden angeklagt.

Ich habe meinerseits auch damit begonnen, diejenigen, die ungerecht zu mir bzw. zu meiner Firma waren, meinerseits zu verklagen. Dabei spielte es für mich absolut keine Rolle, ob es um 18 € oder 1.000 € ging - Ungerechtigkeit ist Ungerechtigkeit. Und am besten lässt sich das Ganze am Beispiel vom Klassiker des vergeblichen Hin- und Rückversandes verdeutlichen:

Ein Kunde kaufte einen Akku für 60 €. Die Marge zwischen Einkaufs- und Verkaufspreis betrug bei diesem Artikel rund 3 €, also 5% vom Warenwert. Wenn der Kunde diesen Artikel nun per Nachnahme bestellte, betrugen die Versandkosten für ihn 12,95 €. Meine Firma zahlte um die 8 €. Insgesamt hatte ich also 8 € Marge zwischen Einkaufs- und Verkaufspreis. Das war mein Vorabgewinn vor allen Ausgaben, wie beispielsweise: Gehälter, Ladenmiete, Versicherung, Werbung, Klicks bei den Preissuchmaschinen, Steuern, IHK, GEZ, GEMA, Vorfinanzierung für das Geschäft, usw. Bei dieser Marge kommt es also auf möglichst hohe Verkaufszahlen innerhalb einer kurzen Zeit an - das sollte wohl jedem verständlich sein.

Deshalb versendeten wir teilweise ein bis zwei komplett gefüllte GLS-Paketsprinter voll mit Paketen an die Kunden pro Woche. Zu Weihnachten sogar bis zu zwei Sprinter am Tag! Doch da gibt es noch das gesetzliche Widerrufsrecht, das beim Onlinehandel besagt, dass der Kunde seine Ware innerhalb von 14 Tagen - ohne Angabe von Gründen – kostenfrei zurücksenden kann. Der Händler bleibt auf allen Kosten sitzen, obwohl er nichts verkehrt gemacht hat. Na gut. Gesetz ist Gesetz.

Wenn der Kunde jedoch eine Nachnahmesendung nicht angenommen hat, weil nicht genügend Geld im Haus war oder zum Zeitpunkt der Lieferung (trotz übermittelter Sendungsverfolgungsnummer) keiner zuhause anzutreffen war, bekamen wir eine Information vom Paketdienst über die Nichtzustellung.

Ich habe es in meinem Laden zur Priorität gemacht, bis zum Feierabend alle E-Mails des Tages abzuarbeiten und möglichst auf Null zu setzen. Und so teilten wir den besagten Kunden immer mit, dass der Paketdienst einen zweiten Zustellversuch unternehmen wird und haben darum gebeten, die Ware auch, wie bestellt, anzunehmen. War der Kunde erneut nicht anzutreffen, kam das Paket zu uns zurück und der Paketdienst berechnete uns dafür natürlich den vergeblichen Hin- und Rücktransport. Super ärgerlich und vorallem unnötig! Nicht nur, dass wir so kein Geld verdienten, sondern meine Firma zahlte drauf. Und wer musste das letztendlich finanzieren? Logisch, andere Kunden, weil Artikel auf diese Weise immer teurer werden, damit man so etwas wiederum ausgleichen kann oder eigentlich sogar muss.

Ich habe immer erst den versöhnlichen Weg gesucht und kontaktierte den Kunden per E-Mail oder via Telefon persönlich, um nachzufragen, woran es letztendlich gescheitert ist. Man kann ja über alles sprechen. Leider waren nur die wenigsten kooperativ und die meisten zeigten kein Verständnis für einen hart arbeitenden Unternehmer, der sehr um seine Kundenzufriedenheit bemüht ist. Teilweise bekam ich nur abwertende Antworten, dass der Kunde den entsprechenden Akku bei einem anderen Händler günstiger bekommen hat. Mein Pech. Der Hinweis darauf, dass ich nun unverschuldet auf den Kosten sitzen bleibe, traf leider stets auf taube Ohren.

Die Bitte, mir diese Kosten zu ersetzen, wurde meist mit Beleidigungen, Unverständnis oder einer netten Melodie belohnt - dem Tuten nach dem Auflegen. Na vielen Dank aber auch!

Doch in so einem Fall scheute ich mich dann auch nicht, den Weg über das Gericht zu gehen, um diese Ungerechtigkeit wieder richtig stellen zu lassen. So wurden aus 18 € Verlust schnell mal über 100 €. Rückblickend würde wohl auch jeder andere Geschäftsmann sagen: "Ach komm', lass die 18 € sein und konzentriere dich ausschließlich auf dein Hauptgeschäft."

Dem stimme ich aus unternehmerischer Sicht natürlich vollkommen zu. Andererseits aber, stiehlt der Kunde auf diese Weise Geld aus meinem Unternehmen und, wenn ich ehrlich bin, finde ich das unglaublich frech.

Ich erleide einen Verlust, obwohl ich nichts verkehrt gemacht habe. Da sind wir wieder beim Thema Gerechtigkeit.

Das war natürlich nicht nur mit kleinen Beträgen so. Teilweise ging es auch um Versandkosten im hunderter Bereich, wenn es beispielsweise Bestellungen von TV-Geräten oder Palettenspeditionsware betroffen hat.

Mal eben ein 55 Zoll TV-Gerät durch die halbe Republik zu senden kostet richtig Kohle und ist auch nicht gerade zum

Vorteil des Gerätes, wenn es dann wieder den ganzen Weg zurück transportiert wird. All das schadete mir, meiner Firma und letztendlich meinem Geldbeutel.

Ich muss aber auch zugeben, dass ich hauptsächlich Gerichtsverfahren angestrebt habe, wo ich wusste, dass ich diese gewinne. In diesem Falle war der Sieg bereits vorprogrammiert. Denn, was die meisten nicht wussten ist Folgendes: Ein Widerruf muss auch als Widerruf erkennbar sein. Also am besten schriftlich per Brief, E-Mail oder Fax. Ein Nichtantreffen durch den Paketdienst zählt genau genommen nicht. Kann das Paket nicht übergeben werden, weil der Empfänger nicht da war, nicht aufmachte oder nicht bezahlen konnte, gilt das ebenfalls nicht als Widerruf und der Kaufvertrag kommt trotzdem zustande.

Ich konnte sogar Einlagerungsgebühren der Ware geltend machen und so wurden für manchen Kunden, der mich anfangs ärgern wollte oder mich teilweise am Telefon beschimpfte, aus 18 € für den vergeblichen Hin- und Rücktransport mal eben einige hundert Euro. Teilweise sogar die Zwangsabnahme der bestellten Ware. Grundsätzliches Problem bei dieser Angelegenheit: Ich kann einfach nicht hunderte, tausende oder Millionen von Kunden über den Schaden aufklären, die sie dem Onlinehandel zufügen. Obwohl ich es mir manchmal wirklich gewünscht hätte. Nachdem ich inzwischen einige Gerichtsurteile in der Hand hatte, bevorzugte ich eine neue Variante, die auch in den meisten Fällen gut funktionierte.

Wenn der Kunde weder auf Anrufversuche noch auf wirklich nett und vernünftig formulierte Nachfrage-E-Mails nicht mehr reagierte oder pampig wurde, sendete ich dem Kunden insgesamt fünf E-Mails im Abstand von wenigen Minuten zu.

Jede einzelne E-Mail enthielt ein Gerichtsurteil in Sachen Nachnahmesendung zu meinen Gunsten. Die fünfte E-Mail enthielt dann noch meine provokante Frage, ob er gerne der sechste sein möchte? Hier mal zwei Textbeispiele von damals, welche ich dem Kunden per E-Mail zugesandt habe:

"Bei dem folgenden Urteil hat ein Kunde die bestellte Nachnahmesendung nicht angenommen. Der Kunde war auch außergerichtlich nicht dazu bereit, die für den Händler entstandenen Kosten in Höhe von pauschal 100 € zu begleichen. Kunde wünschte daher eine Entscheidung des zuständigen Gerichtes.

Das Gericht gab dem Händler in allen Punkten recht und legte dem Kunden nahe, die Klage anzuerkennen. Hintergrund einer Anerkennung ist, dass dann die Gerichtsgebühren nur 1/3 so hoch sind, wie bei einer Verurteilung, wenn der Kunde trotz aller Ratschläge und Erklärungen anderer Meinung ist. Somit sparte dieser Kunde noch einige Euro an Gerichtsgebühren.

Fazit:

Hätte der Kunde mit dem Händler kooperiert und lediglich die anfallenden Kosten des Händlers beglichen, müsste der Kunde jetzt nicht 1.599,63 € Anwaltskosten + Gerichtskosten + Mahnbescheidkosten + Zinsen bezahlen. Dadurch kostet der ursprüngliche Kaufgegenstand nun für den Kunden fast das doppelte."

oder auch:

"Gerichtsurteil in einer weiteren Angelegenheit mit NICHT abgenommener Nachnahmesendung.

Hinweis: Der Beklagte hat 1x beim Amtsgericht Berlin Einspruch eingelegt und 1x beim Amtsgericht Lüneburg seine rechtliche

Betreuung (Vertretung) angezeigt. Beides hatte jedoch aufgrund der eindeutigen Sachlage keinen Erfolg für den Beklagten. Der ursprüngliche Kaufbetrag betrug inkl. Porto nur 86,94 Euro. Letztendlich waren es inkl. Verfahren und Nebenkosten schon 373,46 € (das ist fast das fünffache des ursprünglichen Kaufbetrages)!

Einige Passagen sind aus Datenschutzgründen geschwärzt worden:

Amtsgericht Wiesbaden
Aktenzeichen: 91 C 6168/09 (15)

Verkündet am:
13.04.2010
Schmidtke, Justizangestellte

EINGEGANGEN
16. April 2010
RECHTSANWÄLTE

Anerkenntnisurteil
Im Namen des Volkes

In dem Rechtsstreit

Hifi Shop Berlin ▇▇▇▇ Geschf. Rene Meinert, ▇▇▇▇
10785 Berlin

Klägerin

Prozessbevollmächtigter: Rechtsanwalt ▇▇▇▇ & Kollegen,
Geschäftszeichen: ▇▇▇▇

gegen

▇▇▇▇ Str. 5, 65191 Wiesbaden

Beklagte

hat das Amtsgericht Wiesbaden
durch die Richterin am Amtsgericht a. w. a. R. ▇▇▇▇
aufgrund der mündlichen Verhandlung vom 13.04.2010
für Recht erkannt:

1. Die Beklagte wird verurteilt, 1.177,67 € nebst Zinsen in Höhe von 5 Prozentpunkten über dem jeweiligen Basiszinssatz seit dem 17.09.2009 sowie 100,00 Rückversandkosten Zug-um-Zug gegen Übergabe des LCD-Fernsehers der Marke „Sony" mit der Modellbezeichnung „KDL-40EX1S" an die Klägerin zu zahlen.
2. Die Beklagte wird verurteilt, weitere 214,64 € an die Klägerin zu zahlen.
3. Die Beklagte wird verurteilt, weitere 107,32 € an die Klägerin zu zahlen.

Es soll jetzt bitte nicht der Eindruck entstehen, dass ich meine Kunden abzocken wollte. Ich wollte einfach nur meine Ausgaben zurückerstattet haben. Hier kommt eben mein

Gerechtigkeitssinn durch. Eventuell liegt es auch daran, dass ich vom Sternzeichen Waage bin. Wer weiß das schon ...? Auch als Online Händler muss und sollte man sich nicht alles gefallen lassen und so war es für mich eine reine Prinzipsache gewesen.

Hier mal ein Vollstreckungsbescheid, wo es lediglich um die 18 € ging:

```
ufgrund des am  09.02.2011
1   zugestellten Mahnbescheids
    Der Antragsteller macht folgenden Anspruch geltend:

I.   HAUPTFORDERUNG:
     Frachtkosten
     gem. VERSAND - RE-03    vom 15.12.10        ********18,00 EUR

II.  KOSTEN WIE NEBENSTEHEND:                    ********24,98 EUR

III. NEBENFORDERUNGEN:
     1) Mahnkosten                               *********2,50 EUR
     2) Auskünfte                                *********2,12 EUR

IV.  ZINSEN:

     laufende, vom Gericht ausgerechnete Zinsen:
     zu I.)       Zinsen von *5,000 Prozentpunkten
     über dem jeweils gültigen Basiszinssatz aus
     ********18,00 EUR vom 27.12.10 bis 09.02.11 *********0,11 EUR
                                                 ------------------
                 SUMME:                          ********47,71 EUR

     hinzu kommen weitere laufende Zinsen:
     zu I.)       Zinsen von *5,000 Prozentpunkten
     über dem jeweils gültigen Basiszinssatz aus
     ********18,00 EUR   ab dem 10.02.11

Der Antragsteller hat erklärt, dass der Anspruch von einer
Gegenleistung abhängt, die bereits erbracht wurde
oder nicht von einer Gegenleistung abhängt.

Auf der Grundlage des Mahnbescheids ergeht Vollstreckungsbescheid
wegen vorstehender Beträge.

Die Kosten des Verfahrens haben sich ggfls. um Gebühren und Aus-
lagen für das Verfahren über den Vollstreckungsbescheid erhöht.

Die Kosten des Verfahrens sind ab 10.03.2011 mit fünf Prozent-
punkten über dem jeweiligen Basiszinssatz zu verzinsen.
```

Einige Kunden haben es dann trotzdem tatsächlich noch auf eine zusätzliche Klage ankommen lassen, die ich natürlich ebenfalls gewann, da sich mein Anwalt bei Klageerhebung bereits auf vorherige Urteile stützte. Trotzdem war meine

Firma letztendlich nicht allzu selten die Angearschte - somit auch ich. Einige Kunden waren schlichtweg zahlungsunfähig. Entweder waren sie es bereits beim Zustellversuch oder gaben die "Versicherung an Eides statt" nach meiner gewonnenen Klage ab.

Mein Fazit: Außer Spesen nichts gewesen.

Als Andenken an diese Zeit bin ich noch im Besitz zwei prall gefüllter DIN A4 Ordner, gefüllt mit vollstreckbaren Titeln, im Wert von mehreren tausend oder zehntausend Euro.

Spike, der "BÖSE Kampfhund"

Neben dem ganzen Geschäftlichen habe ich natürlich auch ein Privatleben. Wenn ich mich auch frage, wie ich das eigentlich noch alles unterbekommen habe. Die Geschäfte liefen ganz gut und ich beschloss, zusammen mit meiner damaligen Freundin, eine schicke Haushälfte am See unser Eigenheim nennen zu dürfen. Gelegen im idyllischen, brandenburgischen Örtchen namens Teltow – außerhalb von Berlin. Ein Traum im Grünen.

Ich tauschte somit meine 45 Quadratmeter Bude mit 150 Quadratmetern Wohnfläche, Garten und einer Dachterrasse mit Seeblick. An diese Zeit denke ich gerne zurück, da es wirklich toll war. Ich kam von der Arbeit nach Hause, hatte viel Natur und einfach meine Ruhe. Weg vom Alltag, raus aus der Großstadt. Grill anschmeißen und das Leben genießen.

Meine Freundin brachte ihren Hund, namens "Tyrone", mit in die Beziehung, was für mich auch völlig okay war. Ich hatte zwar vorher noch nie einen Hund gehabt, war da aber auch nicht abgeneigt. Leider war Tyrone nicht mehr der Jüngste und ist deshalb, noch bevor ich ihn richtig kennenlernen konnte, von uns gegangen. Wir waren beide beruflich sehr eingespannt und uns somit einig, ein neuer Hund kommt nicht in Frage.

Naja, was soll ich sagen. Wer schon mal einen Hund hatte, weiß wie das ist und welche große Lücke das dann doch reißt. Ohne darauf genauer einzugehen, kam ein gutes halbes Jahr später die Idee auf: "Lass' uns doch nur mal nach 'nem süßen kleinen American Staffordshire Terrier gucken."

Gesagt, getan. Einige Tage später haben wir so einen Hund namens "Gucci" gekauft. Gucci hieß so, weil er grau war. Der Name gefiel uns jedoch nicht, deshalb nannten wir ihn kurzerhand in "SPIKE" um. Viel besser, wie ich finde.

Ich kenne die Gedanken vieler zu dem Thema. "Um Gottes Willen, so ein Kampfhund! American Staffordshire Terrier oder auch Pitbulls - geht ja mal gar nicht!"

Ich kann euch nur wärmstens ans Herz legen, die Rasse nach ihrer Wesensart zu googlen oder einen Blick auf mein Instagramprofil zu werfen. Wer denkt, dass dieser Hund ganz besonders aggressiv oder gefährlich ist, darf sich eines Besseren belehren lassen.

Naiv wie ich jedoch war, wusste ich nicht, dass diese Hunderasse in Deutschland als Listenhund (Kampfhund) geführt wird. Nach gut einem Dreiviertel Jahr bekam ich deshalb Ärger mit dem zuständigen Ordnungsamt in Teltow. Die Beamten fotografierten den Hund und gaben mir unmissverständlich zu verstehen, dass dieser im Bundesland Brandenburg nicht gehalten werden darf. Daher wurde mir unverblümt mit Zwangsenteignung des Hundes gedroht. Obwohl nicht mal etwas vorgefallen ist. Aber das muss es auch nicht. Denn allein die Rassenzugehörigkeit wird als "gefährlich" bzw. als "Waffe" eingestuft.

Spike als Waffe? Hallo! Der kleine Mann pennt bei uns mit im Bett, schnarcht Bäume weg und kann uns höchstens zu Tode knuddeln.

Nachdem das Ganze dann vor mehrere Gerichten ging, ich zwei Anwälte einschalten musste und das Verfahren immer mehr Kosten für wirklich nichts produzierte, entschloss ich mich, mit dem Hund einen Wesenstest zu machen. Dort wird das Verhalten eines Hundes (hauptsächlich in bedrohlichen Situationen) geprüft. Diesen Test hat Spike mit Bravour bestanden.

Ich, als Halter, musste ebenfalls einen Test absolvieren. So durfte ich unter Beweis stellen, dass ich in der Lage bin, den Hund zu führen. Auch das wurde positiv bestätigt. Zu guter Letzt wurde ein polizeiliches Führungszeugnis von mir verlangt, um sicherzustellen, dass ich kein vorbestrafter Täter bin. Auch hier gab es keine Bedenken. Trotz allem gab die Stadt Teltow einfach keine Ruhe.

Schlussendlich meldete ich mich einfach polizeilich als Untermieter zu meinem Vater nach Berlin um und die Sache war erledigt. Ich gab an, dass mein Haus in Teltow ein Ferienhaus sei und mein Hauptwohnsitz nun ab sofort wieder in Berlin ist. Dort durfte man, anders als in Brandenburg, Listenhunde halten. Gesetze sind schließlich dazu da, um eingehalten zu werden. Gesagt, getan.

Die Stadt Teltow wollte meinen offiziellen Umzug nicht so recht glauben und argumentierte sich um Kopf und Kragen. Das Haus sei viel zu neu und zu teuer, um lediglich als Ferienhaus genutzt zu werden.

Meine freche Antwort: "Nur weil Sie sich sowas nicht leisten können, muss das ja nicht für alle gelten. Und nun ist mal langsam Schluss hier mit dem Theater!"

Wie ich später erfahren habe, wurde mein Haus in Teltow tatsächlich beobachtet - ja, richtig beschattet! Die Stadt wollte mit allen Mitteln nachweisen, dass ich dort weiterhin wohne. Glücklicherweise war es genau die Zeit, wo ich sowieso so viel gearbeitet habe, dass ich früh aus dem Haus ging und irgendwann ganz spät nachts nach Hause kam. Da waren die Beamten auch schon längst im Feierabend.

Das Fazit: "Nach Beobachtung des Wohnobjekts, müssen wir tatsächlich feststellen, dass dieses Haus nicht dauerhaft bewohnt ist." Was man bei all dem Wahnsinn nicht vergessen darf: Spike hat niemandem auch nur irgendetwas getan. Es gab keinen Verdacht, keinen Auslöser, nichts Auffälliges. Und trotzdem wurde ich ausspioniert bzw. beschattet.

Selbstverständlich habe ich dort dauerhaft bis zu meiner Auswanderung in die USA gewohnt und mein Leben in vollen Zügen genossen - na, soweit kommt's noch. Dafür gab's für die zuständige Dame beim Bürgeramt in Teltow später noch ein ganz besonderes Abschiedsgeschenk. Dazu später mehr. Aber ganz ehrlich: Ich muss jetzt schon lachen.

Umzug ins Großlager

Es war nicht mehr zu übersehen: Mein Laden war einfach zu klein! Das ging so nicht weiter. Ich schaute mich also nach größeren Räumlichkeiten um und wurde nach kurzer Zeit auf ein Lager in Berlin Tiergarten (in perfekter zentraler Lage) aufmerksam. Bei der Erstbesichtigung traf mich zwar der Schlag, aber trotzdem hat es mir auf Anhieb zugesagt. Die Lage, Kundenparkplätze, wahnsinnige 3.000 Quadratmeter Lager - einfach perfekt! Und durch den erheblichen Renovierungs- und Sanierungsbedarf lag der Mietpreis auch deutlich unter den ortsüblichen Mieten.

Zwei Jahre nach Anmietung meines ersten Ladengeschäfts unterschrieb ich somit einen Mietvertrag für ein größeres Lager. Obwohl der Vormieter (ein Möbelrestpostengeschäft) noch seine Möbel drin stehen hatte - unter uns: Sofern man das Möbel nennen kann!

Wir einigten uns auf eine für beide Seiten annehmbare Ablösesumme, wenn das Lager schnellstmöglich und besenrein an mich übergeben wird. Das lag natürlich auch im beiderseitigen Interesse. Der bisherige Mieter hatte Zahlungsprobleme gegenüber dem Vermieter und ich bot ihm Cash an, wenn er da schnell raus geht. Auf diese Weise konnte ich dann auch die restlichen Ausbauarbeiten schneller angehen. Ich brauchte eben mehr Platz und das so schnell wie möglich.

Doch kommt es im Leben überhaupt irgendwann einmal wie geplant?

Die Möbel wurden zwar aus dem Laden herausgeräumt, aber auf dem Kundenparkplatz davor abgestellt. Und zwar in solch einer Menge, dass eigentlich nur noch die Müllabfuhr dafür zuständig sein konnte. Mein Hinweis, dass der Parkplatz im

Mietvertrag inbegriffen ist und besenrein auch anders aussieht, lief ins Leere.

Beschreiben wir das Ganze mal wie folgt: Der Vormieter war von einer etwas temperamentvollen Gattung und zudem mit weiteren Kumpels seinesgleichen vor Ort gewesen, um sich von mir die vereinbarte Ablösesumme in bar übergeben zu lassen.

Die Situation wurde etwas bedrohlich und er pochte auf seine Kohle. Er fing an zu randalieren, sein Kumpel kam mit strengem Blick direkt auf mich zu und machte mir in seinem gebrochenen Deutsch klar: "Du zahlst jetzt sofort das Geld! Sofort!"

Da ich bei der Übergabe nicht alleine war, sondern meinerseits auch Verstärkung mitbrachte und wir uns im Vorhinein einig waren, dass das heute wohl nicht ohne Ärger über die Runden gehen würde, gab ich meinem Kumpel wiederum ein vorher ausgemachtes Handzeichen und er rief unsere Verstärkung zur Hilfe. Die Berliner Polizei. Der Einsatzwagen kam auch tatsächlich recht schnell und die Polizei hat weitere Ausschreitungen unterbunden.

Mit dem nötigen Abstand kann ich das Ganze inzwischen mit Humor sehen, aber damals war das eine wirklich unschöne Situation. Der ganze Stress mit dem Polizeieinsatz, Terminvereinbarungen, Zugangsrechte, wer wann und wie das Objekt betreten durfte usw. Ich kann das Ganze nicht einmal mehr richtig wiedergeben, aber eins weiß ich genau:

Einige meiner grauen Haare sind auf diese Zeit zurückzuführen.

Die Berliner Stadtreinigung war leider nicht in der Lage, ein gescheites, kurzfristiges Entsorgungsangebot zu unterbreiten. Was habe ich also gemacht?

"Nicht quatschen ... sondern machen!"

Ich besorgte mir kurzerhand einen LKW mit Greifbagger und insgesamt drei Absatzcontainer. Binnen weniger Stunden habe ich alles fachgerecht entsorgt und die Sache war vom Tisch. Auf den Kosten bin natürlich ich sitzen geblieben, aber ich hatte endlich vollen Zugang zu meinem neuen Lager. Glücklicherweise stand ich nicht alleine da. Denn mein Kumpel André hat mich wirklich tatkräftig unterstützt: zahlreiche Handwerkertermine ausgemacht, sich als gelernter Elektriker ums Licht gekümmert, neue Steckdosen angebracht, Alarmanlagenplanung und alles Drumherum. Selbst mein Vater hat tatkräftig mit uns Hand angelegt und unter anderem die Heizkörper installiert.

Dafür auch an alle Beteiligten nochmal ein ganz großes Dankeschön.

Für André sollte die Hilfsbereitschaft nicht umsonst gewesen sein, der von mir für seine Arbeiten keinen Lohn verlangte. Eine Hand wäscht die andere und ich bot ihm deshalb eine kostenlose Stellfläche für seine Handelsware an. André machte sich zum selben Zeitpunkt im Internetversandhandel mit LIDL Restposten selbstständig. Wir verstanden uns schon seit einigen Jahren gut und so entstand gerade bei dieser Geschichte eine jahrelange Freundschaft, die im Übrigen bis heute anhält. Es passte einfach perfekt und er nahm das Angebot natürlich dankend an. Eine absolute Win-win-Situation für uns beide. Deshalb nochmal: Danke André für diese schöne Zeit. Ja, es war wirklich toll gewesen!

Mein Lager war eine ehemalige Tiefgarage, die seit Jahren nicht mehr benutzt wurde. Da war einfach nichts! Weder Licht, Steckdosen, Heizung, Sanitäranlagen, eine Küche oder Alarm-, Brand-, Videoüberwachungsanlagen. Es fehlte an allem. Kurzgesagt: Alles musste neu!

Als der Ausbau des neuen Geschäfts vollendet und ich gute 100.000 € ärmer war, konnten wir richtig von vorne beginnen und von Neuem loslegen. Der Umzug war innerhalb von einem Tag erledigt und das bisherige Ladengeschäft habe ich an einen Mobilfunkanbieter vermietet, der früher mein Vertriebspartner bei der Net-Com 2000 AG war. Zufälle gibt's ...

Ab sofort hatten wir jedenfalls endlich Platz ohne Ende. Das Ganze ist auch meinem Großhändler aus Österreich nicht entgangen. Deshalb schickte er von nun an keine Sprinter mehr nach Berlin, sondern ganze LKWs und später sogar Sattelschlepper vollgepackt mit Elektrogeräten.

Jeder kann sich wohl gut vorstellen, dass ab hier die Zeit begann, wo ich anfing, den Überblick zu verlieren. Das war einfach nicht mehr einzufangen! Es waren Massen, die könnt ihr euch nicht vorstellen! Gabelstaplerweise wurde Ware mit Paletten in mein Lager geschoben. Es dauerte nicht lange, bis auch dieses Lager randvoll mit Ware stand. Ich hatte teilweise

Kommissionsware im Wert von über einer Million Euro im Geschäft stehen.

Im Angebot waren bei mir ab sofort: Waschmaschinen, Kühlschränke, Staubsauger, Gefriertruhen und das gesamte Sortiment, was man sich nur vorstellen kann. Sogenannte Braun- und Weißware.

Einfach unglaublich, wenn man sich zurückerinnert, dass ich das Ganze nur wenige Jahre zuvor aus meiner kleinen 45 Quadratmeter Bude gestartet habe - damals ja noch mit Memory Sticks, die vielleicht zehn Gramm pro Stück gewogen haben. Tja, Zeiten ändern sich.

Mittlerweile hatte mein Großhändler seinen IT-Spezialisten nach Berlin geschickt und ich bekam meinen eigenen Serverraum mit zahlreichen Computern, Festplatten, Überwachungstechnik und allem, was dazugehört.

Er hat unsere Datenbanken so miteinander verknüpft, dass er jederzeit Zugang zu allen meinen Daten hatte und umgekehrt konnte ich seinen Lagerbestand live in allen seinen österreichischen Filialen sehen.

Wir waren unserer Zeit damals wirklich voraus!

Vorteil: Ich brauchte mich nicht um neue Artikel zu kümmern, keine Bestandsaufnahme durchzuführen oder mir Gedanken über Bestellungen zu machen, da diese automatisch abgeglichen wurden. Ich musste die Ware sozusagen nur noch online stellen. Nachteil bei dem Ganzen: Es wurde mir teilweise Ware geliefert, die mein Großhändler selbst nicht verkauft bekommen hat. Sogenannte Ladenhüter. Stück für Stück füllte sich mein Lager immer mehr mit nicht verkaufbaren Artikeln.

Zu diesem Zeitpunkt hatte ich weder einen Überblick noch eine Möglichkeit, überhaupt etwas selbst zu kontrollieren. Deshalb stellte ich teilweise erst nach Wochen oder Monaten fest, was wir dort rumstehen haben. Wenn ich meinen Großhändler dann darauf ansprach, bekam ich als Antwort: "Versuche es doch erstmal zu verkaufen. Wenn es bei dir auch nicht weggeht, dann komme ich dir preislich entgegen oder es gibt eine Lagergutschrift."

Aufgrund der Größe des Lagers und der Masse an Ware hatte ich inzwischen vier Festangestellte plus zwei weitere Minijobber.

Es ist also kein Wunder, dass die Gewinnmarge immer geringer wurde. Die Konkurrenz wurde immer größer. Jeder hatte auf einmal die glorreiche Idee, TV- und HiFi-Geräte online verkaufen zu wollen. Die Händler schossen, wie auch schon beim Handygeschäft damals, wie Pilze aus dem Boden.

Mir persönlich war es schon immer wichtig, in den Preissuchmaschinen stets auf Platz 1 zu sein. Hierfür reichte auch teilweise nur ein Cent Unterschied! Ich ließ mir von dem österreichischen Programmierer ein Tool bauen, welches meine gelisteten Artikel in verschiedenen Suchmaschinen ausliest, meinen Preis dann automatisch um einen Cent günstiger macht und dann hochlädt. Das hatte zur Folge, dass meine Ware immer auf Platz 1 gewesen ist. Andere Händler kamen dann irgendwann auf dieselbe Idee und begannen auch die Konkurrenz zu unterbieten. Aber nicht nur um einen Cent, sondern gleich um fünf, zehn oder sogar 30 €! Das Ganze nahm irgendwann sogar solche Ausmaße an, dass Ware, die noch nicht einmal auf dem Markt und nur für den Vorverkauf gelistet war, bereits beim Eintreffen in meinem Lager, online, bei einem anderen Anbieter, bereits billiger war, als ich sie eingekauft habe. Die Abwärtsspirale nahm leider ihren Lauf. Hinzu kamen noch echt tolle Erfahrungen mit der Berufsgenossenschaft, GEMA, GEZ und dem ganzen Gedöns. Der Spaß hörte einfach nicht auf. Ich war nur noch damit beschäftigt, mich mit irgendeinem Papierkram auseinanderzusetzen. Hier und da ein Kreuz setzen, diesen Fragebogen ausfüllen, dort eine Online-Schulung mitmachen usw.

Übrigens eine meiner Lieblingsgeschichten, ist das Thema, wie tatsächlich krank das System "Krankenkasse" doch eigentlich ist: Aus irgendeinem Grund, wahrscheinlich Feiertag, verlängertes Wochenende oder Ähnliches, kam am Monatsende der Krankenkassenbeitrag für einen Mitarbeiter von mir verspätet bei der zuständigen Krankenkasse an. Wir reden hier aber nicht von ein paar Wochen Verzug, sondern von ein bis zwei Tagen! Meine Firma erhielt die schriftliche Aufforderung, einen Euro Säumniszuschlag zu zahlen. Naja, mit sowas sind sie ja bei mir genau richtig. Ich nahm den Telefonhörer und rief bei der Krankenkasse an. Mir wurde erklärt, dass dieser eine Euro, eine symbolische Wirkung auf Unternehmen haben soll, damit demnächst pünktlich bezahlt wird. Also gut! Die Krankenkassendame hatte nun meine volle Aufmerksamkeit.

Ich erwiderte daraufhin, dass ich den Mitarbeiter dann jetzt entlassen werde.

"Warum das denn? Der Mitarbeiter kann doch nichts dafür", antwortete sie völlig entsetzt.

"Nö, der nicht, ich aber auch nicht! Aber wir haben dann in Zukunft ein Problem weniger. Der Mitarbeiter bekommt zukünftig seine Kohle vom Amt und ich bin nicht mehr der Gefahr ausgesetzt, zu spät und somit Säumniszuschläge zu zahlen." Ich grinste innerlich.

"Also ne Herr Meinert, ich werde Ihnen den einen Euro jetzt im System stornieren. Sie brauchen den Mitarbeiter nicht zu entlassen" hörte ich die Mitarbeiterin nervös in den Hörer sprechen.

"Na siehste, geht doch!" dachte ich mir. Abgesehen davon, dass ich das eh nicht gemacht hätte. Ganz klar.

Einige Tage später erhielt ich dann den zweiten Brief von der Krankenkasse mit der Info, dass der Säumniszuschlag nun gelöscht wurde. Das muss man sich mal reinziehen:

Damals 55 Cent Portokosten, um mir mitzuteilen, dass ich einen Euro Strafe zahlen soll und nun nochmals 55 Cent Porto, um mir mitzuteilen, dass es wieder storniert wurde.

Wenn ich das jetzt aus wirtschaftlicher Sicht betrachte, liegen 1,10 € reine Portoausgabe gegen Null Euro Einnahmen. Ich würde sagen, es läuft ... oder auch wirtschaftlicher Totalschaden!

Hinzu kommt ja noch die Arbeitszeit der Mitarbeiterin und von mir. Es rechnet sich also nicht mal mathematisch, sich mit so einem Scheiß herumzuschlagen! Sowohl die Krankenkasse als auch ich hätten mit der Zeit etwas viel Produktiveres anstellen können ... Betonung liegt auf k-ö-n-n-e-n!

Aber zurück zum Thema: Da stand ich also mit meinem riesigen Lager, einigen Festangestellten, dem unaufhaltsamen Kostenapparat hinten dran. Allein das neue Geschäft hat mich einen sechsstelligen Betrag gekostet und der Umsatz ging nun nach und nach drastisch zurück.

Mein Großhändler aus Österreich, für den ich bisher immer der wichtigste und größte Abnehmer war, entdeckte auch noch neue Verkaufswege für sich. Sein Unternehmen wuchs rasant an, sodass ich als Einzelabnehmer, der lediglich an Endkunden verkaufte, das fünfte Rad am Wagen wurde. Leider ist mir das erst viel zu spät aufgefallen und ich hatte wohl zu viel Vertrauen, da vorher alles immer reibungslos lief.

Warum ich für den Großhändler uninteressant wurde, liegt auf der Hand: Es lässt sich natürlich viel leichter Geld verdienen, wenn 100, 200 oder sogar 500 TV-Geräte mit einem Schlag per Sattelschlepper ins Ausland verkauft werden können, statt einem vergleichsweise winzigen HiFi-Shop in Berlin mit kleineren Mengen und auch noch mit den unterschiedlichsten Warengruppen zu beliefern. Die Abhängigkeit von ihm war mein grundsätzliches Problem. Er war mein Hauptlieferant und das hat mir irgendwann nicht gefallen.

Die Buchhaltungssoftware, das Warenwirtschaftsprogramm, die Homepage - mittlerweile alles von meinem Großhändler. Ich konnte einfach nicht mehr so arbeiten, wie ich es vorher getan habe. Also selbst improvisieren. All meine Direktanfragen bei den verschiedenen Herstellern, wie: Sony, Bosch, Panasonic, Siemens, usw. scheiterten daran, weil ich hauptsächlich Onlinehandel betrieb. Ich sollte die Ware zum Listenpreis anbieten, was ich natürlich nicht konnte und auch nicht wollte. Ich wollte der günstigste sein und nicht ein TV-Gerät pro Woche verkaufen, sondern 20, 30 oder sogar 40 pro Tag!

Ich war also von meinem österreichischen Großhändler abhängig und ich hasste es irgendwann einfach nur noch.

Aufgrund dieser Abhängigkeit war es also nicht so einfach, mein eigenes Ding zu machen, wie ich es früher konnte. Daraus entstanden zudem noch viele weitere Probleme: Defekte Artikel, die uns von Kunden wieder zurückgesendet wurden, gingen auf schnellstem Wege nach Österreich. Die dortige Reklamationsbearbeitung wurde immer langsamer, bis es irgendwann zum kompletten Stillstand kam. Teilweise sind die Retouren sogar verschwunden. Wir mussten die Kunden also Wochen bis Monate mit immer neuen Ausreden vertrösten, was uns in Berlin natürlich unglaublich peinlich war! Und zudem noch total unverschuldet. Es kam, wie es kommen musste: Meine Firma wurde einige Male verklagt. Kunden verlangten (zurecht) ihr Geld zurück oder Schadensersatz. Mir waren die Hände gebunden und ich spielte erneut den Zahlemann. Irgendwann summierten sich diese "Kleinigkeiten" so sehr, dass auch ich die Lust daran verlor, diesem Schwachsinn hinterherzurennen.

Es war wirklich nicht mehr einzufangen und auch nicht zu erklären. Ich stand gar nicht mehr dahinter. Auf keinen Fall möchte ich hier nur meinem damaligen Großhändler die alleinige Schuld an dem Fiasko geben, denn ich bin selbst Geschäftsmann genug. Ich hätte den Abwärtstrend schon früher erkennen müssen bzw. einen härteren Ton gegenüber meinem Großhändler einschlagen müssen, aber man kannte sich gut und es klappte ja doch so in etwa. Zumindest bis hierhin.

All diese Umstände zusammen führten letztendlich dazu, dass ich das Geschäft komplett aufgeben musste, damit ich mich nicht völlig in den Ruin stürzte. Denn auch die vielen Versprechungen, die mein Großhändler gemacht hat, hat er nicht eingehalten. Wirklich schade, denn wir waren nicht nur Geschäftspartner, sondern auch mittlerweile Freunde geworden. Zumindest dachte ich das. Ich war sogar mehrfach im Jahr in Österreich und wir verstanden uns wirklich super.

Und nun kommen wir zum Thema Lagervergütung. Die aufmerksamen Leser unter euch, erinnern sich: Wir hatten ja – eigentlich - eine Abmachung. Bekomme ich Ware nicht verkauft, nimmt er diese zurück oder ich erhalte eine Lagervergütung. Als ich ins große Lager umgezogen bin, wurde ich ja teilweise mit viel Ware überhäuft. Wie ich schon erzählt habe, standen irgendwann tonnenweise unverkäufliche Produkte im Lager. So hatten TV-Geräte, die beispielsweise 1.000 € kosteten, nach wenigen Wochen, nur noch die Hälfte an Wert. Abgesehen davon, wollte die bis dahin ohnehin keiner mehr haben, da es dann schon neuere Modelle gab. Manche Geräte, die mir ins Lager gestellt wurden, hatten noch nicht einmal eine Energieeffizienzklasse. Im Nachhinein habe ich von ehemaligen Mitarbeitern des Großhändlers erfahren, dass er auf diese Weise die Problemfälle aus seinem Lager in meines übertragen hat.

Nachträglich gesagt: Dankeschön, das wäre echt nicht nötig gewesen.

Wir waren schließlich befreundet und so etwas macht man unter Freunden nicht! Abgesehen davon, dass ich bis dahin mit einem Gesamtvolumen von 35 Millionen Euro der größte Abnehmer des Großhändlers war, beschloss ich also, nach ein paar Jahren Großlager, nicht nur die Firma zu verkaufen, sondern in die USA zu ziehen.

Warum dieser harte Entschluss? Ganz einfach, es war nicht mehr mein Baby gewesen, was ich mal aufgebaut hatte. Zu viele Probleme, zu viel Abhängigkeit, die Gewinnmarge sank, das Rückgaberecht der Kunden wurde immer mehr gefördert und irgendwann bin ich an einem Punkt angelangt, wo ich mir selber sagte: "Jetzt ist Schluss! Ich mache das nicht mehr mit und will das so auch nicht mehr!"

Meine besten Freunde waren zu diesem Zeitpunkt das Finanzamt, die GEZ, die Berufsgenossenschaft, die Industrie- und Handelskammer, die Krankenkassen, Rechtsanwälte usw. Nicht gerade ein Freundeskreis, den man sich freiwillig so aussuchen würde. Das ist nicht das, was ich wollte. Ich habe mich einfach verrannt und war nur noch mit Unterlagen, Formularen ausfüllen sowie Zahlungen beschäftigt.

"Das war's René. Dein Baby ist dem Untergang geweiht und bevor es ganz zu spät ist, musst du die Reißleine ziehen."

Leider fand sich aber keiner, der es mit dem Kauf meiner GmbH tatsächlich ernst meinte. Trotzdem wollte ich schnellstmöglich einen Schlussstrich ziehen. Ich war einfach ausgebrannt. Gute 8 Jahre hatte ich Vollgas gegeben und mein Akku war leer. Und so kam es letztendlich zur Geschäftsübernahme durch meinen bisherigen Großhändler. Er beobachtete fasziniert, wie gut das Geschäft in Berlin ursprünglich lief und war deshalb bereit, die Filiale eins zu eins zu übernehmen. Den Laden mit dem dazugehörigen Lager, der gesamten Ware, die zum größten Teil sowieso seine war, der Einrichtung, allen Rufnummern, der Homepage, den Angestellten, usw. Das nannte sich "Geschäftsübernahme im Ganzen." Die einzige Änderung war der Name des Geschäfts.

Da mein Großhändler zahlreiche Filialen in Österreich eröffnet hat, hatte er so nun die Chance auch in Deutschland Fuß zu fassen. Nicht ganz freiwillig, aber er tat es dennoch.

Apropos deutscher Markt. Der österreichische Großhändler hat mir in den vielen Jahren der Zusammenarbeit immer wieder Vorträge darüber gehalten, dass man einfach alles dafür tun muss, um die Kunden zufriedenzustellen, auch wenn dieser im Unrecht ist - "Kunde ist König". Dass der deutsche Markt einfach komplett anders ist als der österreichische, wollte er nicht hören. Ich versuchte ihm damals schon zu erklären, dass die Kunden hierzulande so etwas leider nicht zu schätzen wissen und einem auf der Nase herumtanzen, vor allem beim Thema Widerrufsrecht. Ware bestellen, 14 Tage ausprobieren und gebraucht zurücksenden. Zusätzlich den vollen Preis wieder bekommen und dann noch Hin- und Rückporto zurückverlangen.

"Damit machste nicht viel Geld, sondern kannst schön drauflegen, damit der Kunde immer recht hat", war meine Warnung an ihn.

"Also so etwas passiert in Österreich wirklich selten."

Tja, in Deutschland nennen wir es Tagesordnung.

Letztendlich scheiterte sein Konzept binnen eines Jahres, nachdem er mein Geschäft übernahm. In einer Nacht- und Nebelaktion wurde die Berliner Filiale schnell geschlossen. Und wer war Schuld daran? Natürlich René, der ihn dazu zwang, seine eigene Ware zurückzunehmen und ihm die Berliner Filiale hinterließ. Glücklicherweise war ich da bereits in den USA gewesen und hatte damit nichts mehr zu tun. Ich habe die ganze Hauruck-Aktion schließlich auch nur noch durch Hörensagen mitbekommen.

USA Investment - Der Grundstein meines heutigen Lebens

Es geht auf Reisen. Ich nehme euch kurz mit in die Zeit vor meiner Geschäftsveräußerung, also ungefähr zweieinhalb Jahre vor dem Desaster: Nachdem ich bereits einige Jahre gutes Geld mit dem HiFi-Geschäft in Berlin verdient hatte, überlegte ich mir ein Ferienhaus in Las Vegas zu kaufen. Deshalb kontaktierte ich dort einen deutschsprachigen Immobilienmakler, der sich vor Ort gut auskennt und besichtigte, zusammen mit meiner damaligen Freundin, zahlreiche Einfamilienhäuser. Der Zeitpunkt schien günstig zu sein, da die Immobilienpreise durch die Weltwirtschaftskrise gerade attraktiv geworden sind. Am Ende entschlossen wir uns allerdings, doch kein Ferienhaus zu kaufen. Und das aus einem ganz einfachen Grund: Ich wäre mehr oder weniger gezwungen, immer in Las Vegas Urlaub machen zu müssen. In Vegas angekommen, würde das auch gleichzeitig bedeuten: Saubermachen, reparieren und alles erledigen, was in der Zeit angefallen oder kaputt gegangen ist. Das klingt nicht gerade nach erholsamen zwei bis vier Wochen Urlaub im Jahr.

Es verging ein weiteres Jahr, bis ich meinen Makler in Las Vegas erneut kontaktierte. Ich habe ihm angeboten, ihn zum Essen einzuladen, weil er im Jahr zuvor so einen guten Service geleistet hat. Irgendwie hatte ich das Gefühl, mich nochmal ausdrücklich bei ihm bedanken zu müssen bzw. zu wollen. An Immobilien in Las Vegas hatte ich jedoch kein Interesse mehr - es war einfach nur ein Dankeschön. Doch während des Essens quatschte mich der Makler am laufenden Band mit Immobilien, Häusern und dergleichen zu. Für mich war es eigentlich viel relevanter darüber zu sprechen, wie ich dauerhaft in die USA kommen könnte. Sollte ich einen Internetshop aufmachen, wie in Deutschland? Oder doch eine

Currywurstbude am weltberühmten Las Vegas Boulevard, also dem Strip? Wie so oft verliefen diese ganzen Hirngespinste einfach im Sand. Nicht allzu schlimm, denn mein Geschäft in Deutschland lief ja zu diesem Zeitpunkt "noch" gut. Es war eben nur ein Gedanke - für irgendwann mal.

Wenige Tage später, zurück in Deutschland angekommen, schaute ich wie jeden Abend TV.

Und jetzt folgt wohl der entscheidendste Punkt in meinem Leben, an dem ich die r-i-c-h-t-i-g-e-n Weichen für mein jetziges Leben gestellt habe.

Das, was jetzt kommt, brachte mich dorthin, wo ich heute stehe, sitze und lebe. Ohne für das Fernsehen Werbung machen zu wollen, muss ich trotzdem ganz ehrlich zugeben: Hätte ich an diesem Abend kein TV geschaut, würde gerade keiner dieses Buch lesen können. Denn ohne diesen einen entscheidenden Abend, hätte es gar keine Grundlage für meine Auswanderung gegeben. Und ganz nebenbei würde ein weiteres spannendes Kapitel meines Lebens fehlen.

Beim Herumzappen der Kanäle blieb ich bei einer Reportage namens "Planetopia" hängen. Das Thema war die Immobilienkrise in den USA, mit dem Schwerpunkt auf Las Vegas. Und wen sehe ich da? Meinen Makler! Dort im TV! Genau den, mit dem ich selbst in Las Vegas noch vor einigen Tagen zu Abend gegessen habe. In diesem TV-Format erklärte er ein gewisses Immobilieninvestmentkonzept, namens "Owner Will Carry".

Sinngemäß bedeutet es so viel, dass der Hauseigentümer die Bank spielt. Das Konzept ist vor allem für Personen interessant, denen die Zinsen der Banken zu hoch sind oder wenn die Interessenten, aus welchen Gründen auch immer, keine Bankkredite mehr erhalten. Es ist eine ganz sichere

Nummer. Aber das erkläre ich noch. Jedenfalls ist es keine neue Erfindung und gerade in den USA total üblich.

Und so funktioniert es:

→ **Ich** kaufe ein Haus (meist aus Zwangsversteigerung), lasse es renovieren und biete es dann zum Mietkauf auf dem freien Immobilienmarkt an.

→ Der Interessent, der sich darauf meldet, ist meistens nicht kreditwürdig. Somit spiele ich die Bank bzw. finanziere dem Käufer das Haus.

→ Der **Käufer** zahlt 20% der Hauskaufsumme sofort an und zahlt weitere zehn, 15 oder 20 Jahre lang, in Raten, das Haus an mich ab. Der übliche Zinssatz liegt so bei 6 - 8%.

Wer nun denkt, 6 - 8% sind viel, darf sich gerne mal eine Kreditkarte in den USA holen. Da stehen gerne schon mal 29,99 % drauf!
Zurück zu meinen 6 - 8%. Eine geniale Lösung für alle Parteien. Denn es ist eine Win-win-win-Situation für jeden Beteiligten. Absolut richtig gelesen - dreimal Win!

→ **Win Nr. 1:** Der zukünftige Eigentümer, der keinen normalen Kredit von der Bank erhalten hat, kann nun in ein Haus einziehen, ohne dieses sofort komplett bezahlen zu müssen.

→ **Win Nr. 2:** Ich als bisheriger Eigentümer verlange lediglich eine gewisse Anzahlung vom Kaufpreis (meist um die 20%). Die restliche offene Summe zahlt der

Hauskäufer in monatlichen Raten inklusive Zinsen an mich ab. Ich spiele sozusagen die Bank.

→ **Win Nr. 3:** Der Makler bekommt von mir zweimal Provision. Einmal beim Kauf des Hauses von der Zwangsversteigerung und einmal beim Verkauf des Hauses an den neuen Käufer bzw. Eigentümer.

Das Beste daran ist, dass ich auf diese Weise beispielsweise einer Familie ein Zuhause bieten konnte, die sich ohne dieses Modell nie eins hätte leisten können. Auch wenn es sich riskant anhört - das ist es nicht. Denn, wenn der neue Hauseigentümer seiner Verpflichtung zur Ratenzahlung nicht nachkommt, verliert er das Haus und seine gesamte bisher gezahlte Summe (Anzahlung inklusive monatlicher Raten). Alles ist futsch! Das heißt, das Haus geht wieder in den Besitz des ursprünglichen Eigentümers zurück.

Also zu mir - Welcome back! Ich sag's ja: Kein Risiko!

Im Laufe meiner Investmentzeit bekam ich immer wieder von Leuten zu hören, dass das Ganze Konstrukt eine Abzocke sei. Denn, wenn jemand nicht zahlen würde, würde ich ihn ja rausschmeißen. Echt jetzt? Ist es nicht üblich so, dass auch ein herkömmlicher Vermieter jemanden rausschmeißt, der seine Miete mehrere Monate nicht zahlt oder Zahlungen regelmäßig versäumt? Oder wohnt von euch jemand for free? Falls ja: Herzlichen Glückwunsch! Ich kann ja auch nicht in den Supermarkt gehen und den Laden verlassen, ohne zu bezahlen - zumindest nicht ohne ernste Konsequenzen. Genauso ist es bei dem Haus. Werden die vereinbarten Raten nicht bezahlt, muss man raus. Als Geschäftsmann möchte ich selbstverständlich daran Geld verdienen. Dafür kaufe ich ja das Haus und mache es auch schick. Zu verschenken habe ich aber trotzdem nichts und auch keine große Lust darauf, mich mit nicht zahlenden Käufern herumzuschlagen. Außerdem suchen die potenziellen Käufer eher nach einem passenden Kredit, also kommen sie zu mir. Ich drehe keinem das Haus selbst an.

Zurück zur TV-Reportage: Nachdem die Reportage zu Ende war, schaute mich meine Freundin an und ich sagte zu ihr: "Warum hat mein Las Vegas Makler mir das denn nicht erklärt, als wir essen waren? Diese Nummer ist ja eine richtige Gelddruckmaschine!"
Sie lachte und meinte nur: "Das hat er. Du hast bloß nicht zugehört!"
Klar, sie hatte recht. Ich habe tatsächlich nicht zugehört, da mich Immobilien nicht mehr interessiert haben. Ich war so auf das Thema "Auswandern in die USA" fixiert, dass ich das Thema "Immobilien" völlig ausgeblendet habe. Also schnappte ich mir das Telefon und rief sofort in Las Vegas bei meinem Makler an:
"Ich habe Sie gerade im TV gesehen. Stimmt das wirklich alles so und ist das wirklich so einfach?"
"Ja klar, hatte ich Ihnen doch im Steakhouse erklärt!", antwortete er belustigt.
"Wohin muss ich mein Geld senden und wie viel brauchen Sie? Ich will das auch machen!", war meine entschlossene Reaktion.
Es vergingen einige Tage sowie jede Menge Papierkram und ich überwies tatsächlich meine erste Summe. Es müssten so um die $ 150.000 gewesen sein. Kurz darauf bekam ich auch schon die ersten Hausangebote. Der Markt war einfach überfüllt mit günstigen Immobilien. Einfamilienhäuser mit über 100 Quadratmetern Wohnfläche, 3 bis 4 Zimmer, 2 Badezimmer, Garage und teilweise mit Pool für lediglich $ 40.000 bis $ 60.000. Na, wie klingt das? Eigentlich unglaublich, oder?

Aber im Gegensatz zu vielen anderen habe ich mich einfach mal getraut! Es vergingen wieder einige Tage, bis mein Makler mich mit guten Nachrichten kontaktierte: "Ich habe nun drei Häuser von deinem Geld gekauft." Man, war ich aufgeregt! Deshalb musste ich erstmal rüberfliegen, um mir das live mit meinen eigenen Augen anzusehen. Ich bat meinen Kumpel André - den kennt ihr noch von der Tiefgaragenrenovierung - mit mir nach Vegas zu fliegen. Vier Augen sehen mehr als zwei. Ein Haus war sogar schon fast fertig renoviert und mein erster Eindruck: "Wow!"

Da stand ich nun, auf meinem eigenen Grund und Boden. Ein Haus, ein Pool und stolz wie Oscar.

"René, du bist jetzt Immobilienbesitzer in Las Vegas. Also in den USA - dem Land der unbegrenzten Möglichkeiten. Wie geil ist das denn, bitteschön!"

Und ja, ich kann definitiv sagen: Es fühlt sich genau so mega gut an, wie es sich anhört! Mein Makler erkannte ziemlich schnell, dass ich es ernst meinte und noch weitere Häuser kaufen werde. Deshalb empfahl er mir, eine Firma in den USA zu gründen, damit das Ganze auch steuerrechtlich und aus gesetzlicher Sicht auf soliden Beinen steht. Gesagt, getan. So entstand die Spike Cooperation LLC. Auf diese Weise entwickelte sich das Immobiliengeschäft in den USA parallel zu meinem noch gut laufenden Geschäft in Berlin.

Somit hatte ich ganz spontan ein zweites Standbein, was so eigentlich nie geplant war. Wenn ich etwas mache, dann nur, wo ich zu 100% dahinter stehe und das dann immer mit absoluter Begeisterung.

Also erzählte ich natürlich voller Faszination für das Geschäftsmodell, meinem ganzen Freundes- und Bekanntenkreis davon. Doch die Mehrheit bzw. allesamt ließen mich mit einer eher negativen Reaktion stehen.

"Na, ich würde das ja nicht machen! Ist ja so weit weg und wer weiß, ob das überhaupt klappt!"

In Kurzfassung: "Bla bla bla ..." Eben die typisch deutsche Denkweise. Lieber Herumlabern, was alles nicht funktionieren könnte, anstatt einfach mal loszulegen.

Wer nicht wagt, der nicht gewinnt.

Selbstverständlich könnte man damit auch auf die Fresse fliegen. Aber um auf die Fresse fliegen zu können, müsste man erstmal aufstehen und loslegen und daran scheitert es ja schon bei den meisten! Und eines kann ich euch sagen: Ich kenne bereits beide Seiten ...

Dass es aber klappen kann, sah man ja bereits mit dem Handy, Foto- und Camcorderzubehör oder letztlich auch mit dem HiFi-Geschäft.

Meine größte und wohl auch bekannteste Devise lautet deshalb:

Nicht quatschen ... sondern machen!

Das Resultat meines tatsächlichen Machens war dann unter anderem: Besitzer von letztendlich elf Einfamilienhäusern in Las Vegas zu sein und das alles ohne Fremdfinanzierung.

Vorbereitung zur Auswanderung

Wir sind wieder zurück in Germany. Kurz bevor das HiFi-Geschäft mehr oder weniger an meinen Großhändler aus Österreich überschrieben und der ganze Papierkram erledigt war, beschaffte ich mir ein Besuchervisum für die USA. Das hat zwei wichtige Vorteile:

1. Mein erlaubter USA-Aufenthalt erweiterte sich von 90 auf 180 Tage.
2. Man kann damit innerhalb der USA einen Statuswechsel beantragen und somit beispielsweise ein Investment-Visa direkt vor Ort erhalten.

Letzteres hatte ich auch vor. Kurz vor meiner Auswanderung in die USA nahm ich mit einer Firma in Belgien Kontakt auf, die etwas Sensationelles und Tolles erfunden hatte. Ich war und bin bis heute von dieser Erfindung begeistert und auch weiterhin der Überzeugung, dass es ein echter Knaller ist.

Es handelt sich um ein Sicherheitsnebelgerät, oder besser gesagt, eine Nebelkanone! Ein Apparat, der im Falle eines Notfalls, in kürzester Zeit, so viel Nebel ausstößt, dass ein Einbruch oder Überfall für den Verbrecher sinnlos erscheint. Ganz einfach dadurch, weil der Gangster nichts mehr sieht - nicht einmal seine eigene Hand vor Augen. Statistisch gesehen, ist ein Überfall in dem Moment erledigt, wo es kein Gegenüber gibt, das bedroht oder ausgeraubt werden kann. Und kein Verbrecher wird jemandem den Befehl geben, die Kasse oder den Tresor zu öffnen, wenn er nicht mal irgendetwas sieht. Das fand ich genial! Deshalb habe ich gleich recherchiert, ob es diese Sicherheitstechnik bereits in den USA gibt. Gute Neuigkeiten: Nein, gab es nicht. Warum diese tolle Erfindung den Weg in die USA noch nicht gefunden hat, habe ich zunächst nicht herausfinden können. Ich vereinbarte einen Termin mit dem Hersteller in Belgien und flog kurzerhand hin. Es stellte sich heraus, dass dieses System in den USA - noch - keine Zulassung bekommen hat und die Firma eigentlich auch kein großes Interesse daran hatte, diesen Markt zu erschließen, da Europa für den Anfang erstmal ausreiche.

Das war meine Chance!

Ich erzählte der Firma, dass ich demnächst in die USA auswandere und die Geschichte mit der Zulassung übernehmen würde. Im Gegenzug brauchte ich aber eine gewisse Sicherheit bzw. ein attraktives Vertriebsangebot. Und so bekam ich das alleinige Vertriebsrecht für die Bundesstaaten: Nevada, Arizona und Kalifornien. "WOW!", dachte ich mir. "Wenn das wirklich klappt, war alles bisherige, was ich gemacht habe, Kindergarten!" Mein Plan stand: Auswandern und mit etwas Neuem beginnen. "René, du bist bereit ein neues LEBEN zu beginnen", sagte ich zu mir selbst.

Vor der Auswanderung gab es jedoch noch eine Kleinigkeit zu erledigen.

Mein besonderes Abschiedsgeschenk

Während ich jahrelang von dem ein oder anderen Kunden geärgert oder auch teilweise wirklich gemein verarscht wurde, mich aber auf dem rechtlichen bzw. legalen Weg dagegen nicht wehren konnte, habe ich mir die Namen notiert. Und hier sei vorab Folgendes gesagt: Ich vergesse niemals, wenn mir jemand Unrecht angetan hat und ich bin ein extrem nachtragender Mensch!

Ich wusste, irgendwann würde die Zeit kommen. Dazu gehörte auch, unter anderem, die Dame von der Stadtverwaltung in Teltow, die dafür sorgen wollte, dass mir Spike weggenommen werden sollte. Nun kam also der langersehnte Tag, an dem ich mich bei ihr und zahlreichen anderen herzlich dafür bedanken konnte.

Ich sammelte kurz vor Weihnachten meine leergenaschten Nougatpralinen-Packungen, um meinen "Lieblingskunden" und denen, die mir so manchen Ärger zugesetzt haben, eine ganz besondere Überraschung zukommen zu lassen. Ich habe sie sogar neu und von Hand befüllt.

Dankbarkeit ist eben so wichtig!

Deshalb verabredete ich mich mit Christian, dem Stiefvater meiner damaligen Freundin. Er fand meine Idee so toll, dass er mich unbedingt dabei unterstützen wollte. Für meine besondere Überraschung, sammelte ich in den Straßen von Berlin die Geschenke auf: die Hinterlassenschaften von Vierbeinern, um es mal beim Namen zu nennen. Leider war es ja Winter und die Reviermarkierungen ließen sich schlecht portionieren. Sie waren eher so hart wie ein Snickers-Eis. Doch Christian hatte eine geniale Idee! "Lass uns das Ganze doch im Kochtopf erwärmen, einfach mit der Suppenkelle umrühren und dann aufteilen." Gesagt, getan. Kochtopf auf den Herd und los ging es mit der wirklich großen Sauerei.

Also wenn ich mich noch an eins im Leben besonders gut erinnere, dann an diesen fiesen Gestank! Die gesamte Bude stank nach Hundescheiße und seine Frau ist - "zurecht" - vollkommen ausgeflippt!
"Christian, bist du verrückt? In dem Topf wollen wir Weihnachten noch Rotkohl machen und du taust damit gefrorene Hundekacke auf!" Die Aufregung war groß, aber wir ließen uns nicht abhalten. Schließlich gab's ja auch 'ne Abzugshaube über dem Herd und weiter ging's.

Damit auch wirklich für jeden etwas dabei ist, war ich vorher noch im Einkaufscenter, um ein paar Fischreste von einem entsprechenden Händler zu besorgen. Doch leider hatte der Laden keine mehr. Aber der Verkäufer wollte mir trotzdem behilflich sein.
"Wozu brauchen Sie denn die Fischreste?", fragte er mich.
"Ich brauche aus gewissen Gründen einfach etwas, das unglaublich ekelhaft stinkt!", grinste ich ihn erwartungsvoll an.
Er ahnte sicher schon in etwa, was ich damit vorhabe und hatte auch gleich eine Lösung parat:
"Ich fülle Ihnen etwas Fischwasser ab und wünsche Ihnen damit ganz viel Spaß!" Unglaublich! Das war einfach die perfekte Glasur für unsere Pralinen.

Christian und ich füllten also die leeren Nougatpralinen Packungen mit dem Topfinhalt und übergossen diese wiederum mit einigen edlen Tropfen Fischwasser. Etwas echte Schokolade gab es der Fairness halber auch noch, damit es wenigstens ein bisschen süß wird. Ich kringelte also etwas Nougat-Schokocreme aus der Tube obendrauf. Na bitteschön, sieht doch super aus! Abgerundet habe ich das Geschenk natürlich noch durch Zettel mit netten Sprüchen und Wünschen für meine Lieblingskunden und -menschen. Der harmloseste war beispielsweise: "Lass es dir schmecken, es kommt von Herzen." Die anderen Sprüche waren weder nett noch jugendfrei und hatten oftmals etwas mit dem Allerwertesten zu tun.

"Die Gedanken sind frei ..."

Damit man sie nicht sofort beim Öffnen sehen konnte, habe ich die Zettel dementsprechend verpackt. Der Spaß sollte ja nicht zu früh enden.
Die Pralinenpackungen haben wir dann vakuumverschweißt und zusätzlich schön ansehnlich in Geschenkpapier verpackt. Es war ja Weihnachten gewesen. Anschließend haben wir die Empfänger drauf geschrieben und uns beim Absender für eine Fantasieadresse entschieden. Dann ging's den nächsten Tag mit einem schönen Stapel Geschenke zur Post.

Auf dem Weg von der Garage ins Einkaufscenter, wo sich die Post befand, kamen mir andere Passanten entgegen, denen der Stapel frisch verpackter Geschenke natürlich nicht entgangen ist. "Ohhh, da werden sich aber einige über die schönen Weihnachtsüberraschungen freuen!", strahlte mich eine vorbeigehende ältere Dame an.

"Oh ja, da können Sie sich aber sicher sein."

grinste ich innerlich.

Obwohl ich ein ganz aufmerksamer Zuschauer von Aktenzeichen XY bin, kam dieser Fall jedoch dort nie ins Gespräch. Spaß beiseite.

Wie die Geschenke letztendlich bei jedem einzelnen angekommen sind, weiß ich natürlich nicht. Dabei hätte ich wahnsinnig gerne Mäuschen gespielt. Allein die Vorstellung, dass der Ehepartner des Empfängers es extra bis Heiligabend aufspart und zurückhält, oder es vielleicht noch unter den Tannenbaum legt und pünktlich zum großen Abend aufmacht ... Einfach nur geil!

Frohes Fest allerseits!

Nach all dem, was mir passiert ist, ist es schon eine kleine Genugtuung, dass all diese Menschen zumindest einmal im Jahr - zu Weihnachten - an mich zurückdenken. Ohne es unbedingt zu wissen.

Wenn wir ehrlich sind, ist das schon 'ne richtig kranke Nummer von mir gewesen, oder? Andererseits gebe ich aber auch zu, dass mein engerer Freundeskreis und natürlich auch ich selbst, es bis heute wirklich feiern! Jedes Jahr, spätestens zur Weihnachtszeit ploppt das Thema einmal auf: "Weißte noch damals, diese kranke Nummer mit den Pralinen?"

"Jaaaa, klar weiß ich das noch und das ist auch gut so gewesen." Einfach nur herrlich. Das Beste: Ich hatte meinen Spaß und die Angelegenheit ist inzwischen verjährt. So.

MEIN NEUES LEBEN

Auswanderung in die USA

Tja, da stand ich nun. Mein Ziel - die erste Million - war mit 34 Jahren erreicht. Was ich überstanden und erlebt habe, reicht manch einem vielleicht sogar für drei Leben. Nun könnte die Geschichte ja hier enden.

Wow! Wat'n Weg für einen Neuköllner Hauptschüler ...

Doch erstens kommt es im Leben immer anders als man denkt und zweitens ist der Titel dieses Buches ja "**Multi**"-Millionär. Also weiter geht's: Ich war mit der Nebelmaschine, als große Geschäftsidee im Gepäck, auf dem besten Weg meinen großen Traum von der Auswanderung in die USA endlich zu verwirklichen. Ursprünglich hatte ich eigentlich große Lust auf Florida, aber Las Vegas machte einfach mehr Sinn, denn meine Immobilien waren ja bereits dort. Ich bin ein praktischer Typ und so stand für mich der Entschluss fest:

Viva Las Vegas!

Doch mal wieder wurde mir bewiesen: So einfach ist es nicht! Dazu kommen wir noch. Ich verabredete mich erneut mit meinem Immobilienmakler vor Ort und besuchte mit ihm einige Mietshäuser. In eines habe ich mich besonders verliebt und schon gesagt: "Hierhin schicke ich meinen Container. Das nehme ich!" Ich absolvierte in Germany einen Englischkurs, kündigte mein Mietshaus nähe Berlin, bestellte mir zu Ende Februar einen 20-Fuß-Überseecontainer, um mein komplettes Leben einzupacken und informierte mich gründlich darüber, wie der Umzug mit Spike sich gestalten wird. Hätte er nämlich monatelang in Quarantäne gemusst oder sonstiges, wäre ich niemals ausgewandert! Sein Wohlbefinden und die Gesundheit stehen für mich an absolut erster Stelle!

Doch das sah erstmal alles soweit gut aus. Deshalb flog ich tatsächlich am 4. März 2013 mit einem 180-Tage-Visum (B1/B2) in die USA - ziemlich blauäugig. Denn ein solches Visum reicht nicht, um dauerhaft in den USA zu bleiben und mein Leben in Deutschland habe ich ja bereits aufgegeben. Egal, für mich war zu dem Zeitpunkt alles schick. Mit Spike rüber zu fliegen war zwar möglich, aber mit etwas Planungsarbeit und Umständen verbunden. Somit war mir ein Direktflug ohne Umsteigen wichtig. Frankfurt - Los Angeles, direkt.

Viele Airlines verweigern die Mitnahme von Kampfhunden in der Kabine. Die Tatsache, dass Spike in Deutschland als solcher eingestuft ist, machte es also nicht leichter. Resultat: Spike musste seine Reise via Lufthansa Cargo antreten. Das bedeutete wiederum, dass ich Spike vorab eine spezielle Transportbox mit Vergitterung bauen lassen musste. Außerdem wurde der Lufttransport dann per Lufthansa Cargo mit einem gesonderten Check In durchgeführt, inklusive ärztlicher Untersuchungen, Impfnachweisen und dem ganzen "Schnullibulli".

Ich versprach dem kleinen Mann aber, dass er damit belohnt wird, ein schönes Leben in der Sonne, ohne viel Regen, haben zu können. Naja, der Dank für den Kistentransport erfolgte dann kurz nach der Landung.

Der Transport kostete mich einige tausend Euro, aber das war es mir selbstverständlich wert. Umzug und ein neues Leben beginnen ohne Spike: NEVER! Ich hatte wirklich Todesangst um ihn. Wir flogen zusammen mit derselben Maschine in unser neues Leben - einer Boeing 747. Als ich in die Maschine gestiegen bin, habe ich das Personal angesprochen und gefragt, ob mein Hund auch tatsächlich mit an Bord ist. "Sonst fliege ich nicht mit!"
"Wir geben Ihnen Bescheid", war die wenig hilfreiche Antwort.
Kurz danach gingen die Türen zu und die Durchsage "Boarding is completed" schallte durch den Flieger. Ich drückte sofort den Knopf für die Stewardess und fragte nochmals in aller Deutlichkeit:
"Ist mein Hund an Board? Ansonsten steige ich sofort aus!"

"Ja, wir geben Ihnen während des Flugs Bescheid."

Meine Antwort: "Ihr braucht gar nicht erst losrollen! Ich will sofort hier raus! Nochmal: Ist mein Hund an Bord?"

Als nächstes kam der Co-Pilot zu mir und beruhigte mich: "Ihr Hund ist im beheizten Frachtraum unter der Reihe XY. Alles ist in Ordnung." Wir konnten also los.

In L.A. angekommen, bin ich erstmal durch den Immigration-Schalter, wo alles problemlos verlief. Ab zur Mietwagenstation, wo ich extra einen großen Van gemietet habe, wegen der riesigen Transportkiste. Dann bin ich direkt zu Lufthansa Cargo einmal um den Airport herum, um Spike abzuholen und was ich dort gesehen habe, brach mir das Herz. Die Box wurde zusätzlich mit Kabelbindern verschlossen, oben dran wurde ein Trichter befestigt, weil man ihm nicht mal einen Napf reinstellen konnte oder durfte, weil er ja so ein "gefährlicher" Hund ist. Die haben ihn transportiert, als wenn es ein wilder, ungezähmter Löwe wäre. Ganz schlimm! Im Notfall hätte man die Kabelbinder und die ganze Box nicht schnell genug öffnen können. Spike war auch völlig durch. Den ganzen 12-stündigen Flug über hat er weder Pipi noch etwas Größeres gemacht. Dementsprechend schnell wollte ich ihn aufmuntern.

Mein erster Halt war also ein Tierfachgeschäft, wo ich ihn mit Leckerlies, Futter und allem notwendigen Zeug versorgt habe. Zur Ablenkung und damit wir beide mal herunterfahren können, sind wir sofort an den Strand in Los Angeles. Wir saßen beide am Beach, schauten ins weite Meer hinaus und ich war einfach nur froh, dass er den Flug gut überstanden hatte. Nun war der Zeitpunkt gekommen, wo ich es Spike endlich feierlich verkünden konnte:

Tag der Ankunft - Unser erstes gemeinsames Bild in den USA

"Ab heute beginnt unser neues Leben. Ein ganz neues Kapitel, mein bester Freund."

Was in diesem Moment geschah, gab es weder davor noch danach, zu keinem Zeitpunkt mehr. Spike hob das Bein und ... Ja genau, er pinkelte mir auf den Schuh.

Ich habe kurz überlegt, ob er so unseren Neuanfang begießen wollte, bis mir klar wurde, dass es wohl eher der "Dank" für die blöde Box war. Na gut. Ich hab's verstanden. Nachdem wir eine Nacht im Hotel verbrachten, fuhren wir am nächsten Tag mit dem Van nach Las Vegas. "Es kann losgehen! Ich bin da!" Unser neues Leben in Las Vegas, der wohl geilsten und für mich auch schönsten Stadt der Welt, konnte beginnen. Ich war bereit! Mein neues Haus, in das ich mich verliebt und dessen Miete ich bereits im Voraus vereinbart hatte, war es leider **nicht** mehr. Ich kam an und das Haus stand nicht wie abgesprochen zur Verfügung, weil dort angeblich eingebrochen wurde und es deshalb neu renoviert werden musste. Ob das wirklich stimmt, weiß ich bis heute nicht. Eine Lösung für Spike und mich musste trotzdem her. Deshalb zogen wir erstmal vorübergehend in ein Apartment und ich war absolut deprimiert! Die Gedanken wollten einfach nicht stillstehen.

Während Spike selig vor sich hin schnarchte, lag ich nachts hellwach im Bett und machte mir Gedanken über unsere Zukunft. Wie sollte es weitergehen? Es war doch so schön geplant mit dem Haus. Nun stand ich auf einmal ganz ohne ein richtiges Zuhause da. Plötzlich merkte ich irgendwas an meiner Hand und klatschte es reflexartig gegen die Wand.

Ich sprang auf, machte das Licht an und als ich es gesehen habe, packte mich der Ekel: Eine große Kakerlake!

"Das geht ja mal gar nicht", sagte ich mir und wir sind am nächsten Tag in ein anderes Apartment umgezogen.

Doch woanders ist es nicht immer besser.
Manchmal ist es einfach nur anders.

Und so waren dort zwar keine Kakerlaken, dafür kam ich eines Tages zurück und der Abfluss war verstopft - alles, was in der Toilette war und dort auch besser bleiben sollte, drückte sich hoch. Pfui! Das Badezimmer stand unter Wasser. Wieder ausgecheckt. Erneut umgezogen. "So geht das nicht weiter! Ich muss unbedingt ein Haus finden."

Ich ging also selbst im Internet auf die Suche und es ploppte ein Haus auf, welches mir irgendwie bekannt vorkam. Die Erinnerungen kamen hoch und ja, da war's. Ich habe es im Jahr zuvor im TV gesehen und war sogar schon mal dort gewesen. Es war das Haus des deutschen Zauberers Jan Rouven. Man muss dazu sagen, dass dieses Haus in einer absoluten Traumgegend von Las Vegas steht. Es stand zum Verkauf! Was mich verwundert hat: Der Preis war unter dem eigentlichen Kaufpreis - unter Wert. Also nahm ich Kontakt zu Jan auf und fragte ihn, warum sie das Haus denn günstiger verkaufen würden, als sie es selbst gekauft haben.

Kurz und knapp erklärte er mir, dass er es gar nicht verkaufen möchte, aber sein Manager und gleichzeitig auch Lebensgefährte wollte es unbedingt loswerden. Das passte mir hervorragend in den Kram. Also machte ich ihm ein sehr faires Angebot: Ich würde das Haus für Spike und mich anmieten und wenn ich erstmal richtig angekommen bin und nach einem Jahr deutlich mehr Geld habe, was sich immer klarer abzeichnete, dann würde ich es den beiden einfach abkaufen - und das zu einem höheren Preis. "Außerdem zahle ich euch die Miete ein Jahr im Voraus", fügte ich noch hinzu. Gesagt, getan.

Ich zahlte mehrere zehntausend US-Dollar im Voraus und durfte somit gut einen Monat nach unserer Ankunft in den USA dort einziehen. So, nun war es geschafft, dachte ich

mir und der American Dream kann jetzt aber tatsächlich losgehen.
Jetzt waren wir da, aber der Container fehlte. Keine Anziehsachen, nur die aus dem Koffer. Außerdem weder Teller noch Besteck, an ein Bett war gar nicht zu denken. Ich war also in Amerika angekommen, hatte aber irgendwie trotzdem nichts. Aber ich war in den USA und das war ja schonmal was! Da wollte ich schon immer hin.
Trotzdem: Alles fehlte - einfach A-L-L-E-S! Nur Spike und ich in einem knapp 300 Quadratmeter großen Haus. Glücklicherweise gibt es in den USA ja Walmart. Wenn Deutsche vieles über Amerika nicht wissen, aber Walmart kennen sie alle. Im Einkaufskorb landeten also ein aufblasbares Bett, ein Laken, eine Bettdecke, Plastikbesteck und all das Zeug. Dann kam endlich der Container. Ich war natürlich glücklich, weil ich dort alles fein säuberlich und gut sortiert mit meinem Vater eingeräumt hatte und mich nun auf ein Stück aus meinem alten Leben freute. Die ganzen persönlichen Dinge eben. Irgendwie fehlten sie mir ja doch. Was dem Zoll in L.A. fehlte, war das Feingefühl.
Die Zöllner haben alles ausgeräumt, durchwühlt und wahllos wieder in den Container geschleudert. Mein Holzkohlegrill, den ich vor der Abreise nicht mehr ganz so sauber bekommen habe, wurde einfach auf die weiße Couch raufgeschmissen. Und wenn ich sage "raufgeschmissen", dann meine ich es GENAU SO! Es war fürchterlich und hat mich unglaublich geärgert. Doch dagegen konnte man natürlich auch mit einer Beschwerde nichts tun.
Aber trotz all dem Ärger, habe ich mich nach sechs Wochen ohne persönlichen Kram, dann doch irgendwie ganz schön über meine eigenen Habseligkeiten gefreut. Plötzlich fing es tatsächlich an, sich wie ein neues Zuhause anzufühlen. Denn jetzt war ja alles vollständig. Klar, auch vorher war es schon okay gewesen - wie ein großes Abenteuer eben!

Das kann vielleicht nicht jeder nachvollziehen, aber es ist etwas ganz Besonderes, wenn man alleine in einem fremden Land ist. Wenn man plötzlich wieder sein Essen mit dem eigenen Besteck, auf den eigenen Tellern genießen kann, Fotoalben wieder da hat und auch wieder in den altbekannten Decken und auf den eigenen Kissen einschläft - das ist schon ein ganz anderes und wirklich wohliges Gefühl.

Spike und ich genossen die ersten Monate einfach nur unsere Ruhe, den American Dream und es war alles neu und toll. Ich kann heute noch sagen: Eine meiner schönsten Zeiten ever!

Parallel dazu gab es da ja noch das unscheinbare Thema "Sicherheitsnebelmaschine" und deren USA-weiten Vertrieb. Diese Maschine war eigentlich das geplante Ticket für meine Aufenthaltsgenehmigung in den Staaten.

Ich habe mich also um einen amerikanischen Rechtsbeistand gekümmert und wollte mir nun endlich den legalen Vertrieb und alles was dazu nötig ist sichern. Nachdem wir alles geklärt hatten, kam dann die nüchterne Erkenntnis: Die USA erlauben den Betrieb eines solchen Gerätes nicht.

Es ist überall auf der Welt erlaubt, nur eben leider nicht in den USA. Zonk!

Na schöne Scheiße! Begründung: Die USA haben ein Gesetz des Fire Departments, welches besagt, dass man im Falle eines Brandes keine Fluchtwege verhindern darf. Der entstehende Nebel würde aber genau das tun. Ich habe also alles gegeben und argumentiert. Doch das Argument, dass es wohl sehr unwahrscheinlich ist, dass bei einem Raubüberfall an einer Tankstelle oder bei einem Hauseinbruch gleichzeitig ein Feuer ausbricht, wurde zurückgewiesen. Im Falle des Falles hat auch der Dieb oder Einbrecher das Recht, den Notausgang zu finden. Gleiche Chancen für alle!

Meine weitere Argumentation, dass der Vorteil definitiv dem Nachteil überwiegt oder man mit Leuchtstreifen arbeiten könnte, wurde einfach abgeschmettert. Da führte kein Weg dran vorbei. Gesetz ist eben Gesetz und es gab absolut keine Chance, die Behörden zu überzeugen.

Aufgrund der hohen Summen in Millionenhöhe, auf die man in den USA teilweise schon für Kleinigkeiten und fehlende Hinweise verklagt werden kann, wollte dafür schlichtweg keiner die Verantwortung übernehmen.

An dieser Stelle: Falls es irgendwann mal erlaubt werden sollte und irgendwer, der damit zutun hat, das hier liest - meldet euch gerne! Ich finde das Gerät immer noch absolut genial und habe es sogar selbst zuhause!

Gleich danach kam der nächste Hammer! Denn ich habe erfahren, dass mein B1/B2-Visum wirklich ein reines Besuchsvisum ist und ich somit nicht länger als 180 Tage legal in den USA bleiben kann.

Doch da ich mich entschieden habe auszuwandern, wollte ich doch schon gerne etwas länger als ein halbes Jahr hier bleiben - also geplant war ungefähr so ... für immer?

Ich hatte das mit den 180 Tagen wohl etwas verdrängt, denn es war eigentlich nur der erste Schritt. Verlassen hatte ich mich letztendlich auf die Nebelmaschinengeschichte. Die sollte ja die Grundlage für meinen dauerhaften Aufenthalt werden. Naja, nun brauchte ich dringend eine Lösung für mein Problem.

Tja, bloß gut, dass ich an diesem einen besagten Tag, gute drei Jahre zuvor, im TV herumzappte und meinen Makler aus Las Vegas gesehen hatte. Die daraus spontan entstandene Immobiliengeschichte, hat mir in der Sache mit dem Visum am Ende den Arsch gerettet! Denn durch meine Investition in Höhe von mehreren hunderttausend US-Dollar und der mittlerweile erfolgten Wertsteigerung der Immobilien sowie den Mieteinnahmen und den noch zusätzlich geschaffenen Arbeitsplätzen für Amerikaner, konnte ich mithilfe eines Immigrations-Anwalts mein Investorenvisa für die USA begründen. Gesagt, getan und es wurde genehmigt:

"**Welcome to the USA, Mister Meinert**".

Der Immigrations-Anwalt hat mich zwar mit über $ 10.000 Anwaltskosten reichlich über die Leisten gezogen, aber hey: letztendlich hat's ja geklappt.

Heute bin ich schlauer und berate übrigens - zumindest bisher - KOSTENLOS, zukünftige Auswanderer, damit diese eben nicht so blauäugig auswandern, wie ich es damals getan habe. Aus Fehlern lernt man und warum sollte ich mein Wissen nicht weitergeben, um auch anderen zu helfen. Also zumindest denen, die es wirklich ernst meinen.

Zu der Zeit war ich ohnehin sozusagen im vorläufigen Ruhestand und hatte jeden Monat knappe $ 10.000 Mieteinnahmen. Nevada gilt zudem als Steuerparadies und da bleibt dann, nett ausgedrückt, vom Brutto etwas mehr Netto übrig als woanders auf der Welt ... Was reichlich Steuern bezahlen zu müssen heißt, wusste ich ja bereits aus der Zeit als Unternehmer in Berlin.

Millionär sucht Traumfrau

Es lebte sich super. Dadurch, dass ich nicht arbeiten musste und trotzdem Geld reinkam, konnte ich es ruhig angehen lassen und erstmal an meinem neuen Wohnort ankommen. Ich bin es wirklich entspannt angegangen. Mit Mitte 30, jeden Tag ausschlafen und tun, wonach auch immer mir in dem Moment so war, ist irgendwie schon cool.

Weil ich Freizeitparks wirklich über alles liebe, bin ich nach Los Angeles gefahren und habe mir erstmal gleich einen Jahrespass für die Universal Studios gekauft - ein Hammer! Sollte jeder mal gesehen haben. Außerdem habe ich das Disneyland besucht und bin generell viel unterwegs gewesen. Nach noch nicht einmal einem Jahr in den USA kontaktierten mich, über Umwege, Heike und Norbert vom deutschen Fernsehen.

"Wir möchten gerne eine Story in Las Vegas drehen. ROCK'IN LAS VEGAS wird das Format heißen. Möchtest du mitmachen?", fragten sie mich. Klang irgendwie spannend und ich hatte ja Zeit, also warum nicht. Ich bin dabei.

Das Ganze war eine geplante Wochenserie von "taff" für den Sender Pro 7. Sie hatten sich meinen Internetauftritt angesehen und jede Menge spannende Fragen im Gepäck: "Wie sieht dein Leben in den USA aus? Wie war deine Auswanderung?" Und alles weitere, was USA-Interessierte mich heute noch jeden Tag auf meinen Touren oder Streams halt so fragen.

Kurz darauf stand ich also tatsächlich zum ersten Mal selbst als Auswanderer vor der Kamera und erzählte den deutschen Zuschauern erstmals meine Geschichte. Im Rahmen der Dreharbeiten sind wir auch zu einem Haus von mir gefahren, wo die Mieter schon seit Längerem keine Miete mehr bezahlt hatten, um mal zu schauen, was da so los ist.

Was wir vor Ort gesehen haben, war wirklich schockierend. Die Immobilie war komplett demoliert, der Spiegelschrank im Badezimmer war aus der Wand, die Wasserhähne rausgerissen und die Nachbarn erzählten uns noch einige Drogengeschichten zum Mieter. Aber, wenn ich ehrlich bin: Das hat mich nicht großartig beunruhigt. Denn das Haus hatte ich ursprünglich für supergünstige $ 40.400 gekauft und durch die Mieteinnahmen schon längst wieder drin gehabt. Netterweise hat mir die Versicherung dann auch noch den Schaden ersetzt. Ich musste somit wirklich um keine Einbußen trauern.

Kleiner Fun Fact am Rande: Das Haus gehört mir noch immer und ich bekomme Monat für Monat eine vierstellige Summe an Mieteinnahmen dafür. Der Immobilienwert liegt mittlerweile im Bereich von ein paar hunderttausend Dollar und ist ein Teil meiner späteren Rente, die ich aber jetzt schon beziehe. Definitiv eine Investition, die sich gelohnt hat.

So wie nicht alles Gold ist, was glänzt, ist auch nicht alles gleich Kacke, was danach aussieht.

Aber zurück zu den Dreharbeiten mit dem deutschen TV-Team: Im Rahmen des Drehs haben wir uns natürlich super viel über mein Leben unterhalten und das Fernsehteam befragte mich dazu, wie viele Immobilien ich besitzen würde. Zu der Zeit besaß ich zehn Häuser, welche jeweils zwischen $ 100.000 und $ 150.000 wert waren. Trotzdem habe ich nie etwas von meinem Millionärsdasein erzählt. Es war ja auch nicht wichtig und ich wollte damit auch nicht herumprahlen. Ich konnte entspannt mein neues Leben mit Spike genießen und das war auch schon das einzige, was für mich zählte.
Heike und Norbert haben viel Interesse an meiner Geschichte gezeigt und nach den Dreharbeiten am zweiten Tag verabschiedeten wir uns. Wir verblieben so, dass sie sich bei mir

melden würden, wenn sich noch etwas ergibt oder weitere Fragen sind. Da ich am nächsten Abend plante zu grillen, bot ich den beiden an, mich privat zu besuchen und mitzugrillen.
"Wenn deine Frau oder Freundin nichts dagegen hat, nehmen wir das Angebot an."
"Nein, ich bin alleine ausgewandert, ihr seid also auch so herzlich willkommen"

Und dann ging es auch schon los:
"Wollen wir mit dir eine Single Story machen? Vielleicht ist ja eine dabei?", fragten sie mich hoffnungsvoll. Noch bevor sie den Satz zu Ende aussprechen konnten, feuerte ich schon raus:
"Ne, bestimmt nicht! Auf sowas hab' ich ja mal gar keinen Bock und ganz ehrlich? So nötig hab' ich's nun auch nicht, mich im TV als Bauer sucht ... Naja, ihr wisst schon, darstellen zu lassen!" Die beiden versuchten mich zu beruhigen und versicherten mir:
"Nein, nicht das, was du jetzt denkst. Wir machen das ganz seriös und mit Stil!", versprachen sie mir.
"Na gut, dann kommt ihr morgen zum Grillen, ich zeige euch mein Haus und dann können wir ja bisschen darüber quatschen."
Zu der Zeit wohnte ich ja noch im Haus von Jan Rouven und das war wirklich super interessant. Ein 30 Meter langer Pool, Whirlpools, Wasserfälle mit einer Brücke darüber usw. Man muss sagen, einfach ein traumhaftes Anwesen.

Kleiner Hinweis: Wer pfiffig ist und interessiert, findet die Reportage noch heute im Internet.

Die beiden kamen vorbei, ich habe die Festbeleuchtung angemacht, damit alles schön für die Kamera ausgeleuchtet ist und der Dreh ging los. Im Interview gab ich dann preis, dass es schon toll wäre, eine deutsche Frau an meiner Seite zu haben, weil mir amerikanische Frauen schlichtweg zu oberflächlich sind. Mit der Sprache ist es ja dann auch doch immer etwas mehr Aufwand bzw. eine Umstellung.

Ich muss zugeben, ich nahm das Ganze auch nicht wirklich ernst. Wie auch, ich hatte bis dato noch keine TV-Erfahrung. Was mir jedoch besonders wichtig war - das wurde später auch im Fernsehen eingeblendet:

"Ich suche eine Frau, die nicht nervt!"

Genau so ist es eben. Mein Leben war bis zur Auswanderung stressig genug und das wollte ich nicht mehr.
Nach dem Gespräch und auch dem gleichzeitig gedrehten Interview vor der Kamera, habe ich mir aber auch keine weiteren Gedanken darüber gemacht, weil ich mir davon auch überhaupt nichts versprochen habe und dachte, das wird einfach so nebenbei erwähnt und "Jut is!" wie der Berliner sagt.

Wochen später wurde die Serie "ROCK'IN' LAS VEGAS" bei taff ausgestrahlt und die Aufnahmen von mir wurden auf drei Tage geteilt.

Am ersten Tag die Immobiliengeschichte, am zweiten Tag wurde gezeigt, wie ich lebe. Weil ich kein deutsches Live-TV in den USA hatte, mussten meine Freunde mir das damals noch aufnehmen und per Handyvideo zusenden.

Am Donnerstag um 17:00 Uhr war die zweite Ausstrahlung mit der anschließenden Ankündigung für den dritten und letzten Teil über mich am Freitag. Und dann kam der Knaller. Ich bekam die Information:

"René, du wirst hier für morgen als **Einsamer Millionär sucht Traumfrau** angesagt."

"Wie bitte? Hör' auf mich zu verarschen", antwortete ich ungläubig.

"René, glaube mir bitte, das stimmt", wurde mir zugesichert.

"WOW", dachte ich mir. Naja, nicht zu ändern ... Gucken wir mal, was kommt. Logisch stimmte es, dass ich faktisch zu diesem Zeitpunkt bereits Millionär war, aber ich habe es niemandem gesagt und vor allem nicht vor der Kamera. Heike und Norbert zählten einfach eins und eins zusammen. Bei zehn Häusern mit ihrem jeweiligen Wert war die Rechnung klar. Das Ergebnis: "René ist Millionär, single und wohnt mit seinem Hund Spike alleine in Las Vegas." Naja, gelogen war es letztendlich zumindest nicht.

Am nächsten Tag stand ich morgens ganz normal auf und bin duschen gegangen. Bis hierhin alles normal. Zumindest, bis ich wieder ins Schlafzimmer zurückkam. Mein Handy bimmelte nur so vor sich hin und ich dachte mir "Was ist hier denn los?" Ungelogen: ein paar hundert Facebook-Anfragen binnen Minuten! Waaas? Und 99% davon von Frauen. Und eine hübscher als die andere!

Ich muss ganz ehrlich zugeben, das war ich bis zu diesem Zeitpunkt nicht ansatzweise gewohnt gewesen. Natürlich hatte ich auch schon vorher Freundinnen, aber dass ich plötzlich auch noch im Mittelpunkt stehe und um mich geworben wird - hallöchen! Das war ein komplett neues Erlebnis und hat mich ehrlich gesagt etwas überfordert.

Wie geht man mit ein paar hundert Freundschaftsanfragen und natürlich auch Textnachrichten an einem Tag um? Ich bin weder ein Schauspieler noch sonst wer ... Lediglich René aus Berlin, der nach Vegas ausgewandert ist. Und der Wahnsinn war ja zusätzlich - es hörte gar nicht auf!

Nachdem ich mich von dem positiven Schock erholt habe, fing ich an, nach ernsthaften Anfragen zu sortieren und natürlich auch - so ehrlich muss ich und man(n) sein - nach optischen Kriterien auszusuchen. Das klingt jetzt vielleicht oberflächlich, aber ganz ehrlich: Nach 'nem Alien schaut ja keiner von uns, oder?

Wenn man ein paar hundert Anfragen bekommt, ist es einfach schwer, nach Charakter zu sortieren. Den trägt nun

mal nicht jeder gleich auf der Stirn. Ich bin also kein Arschloch, sondern einfach nur positiv überfordert gewesen. Schlussendlich habe ich dann auch mit ein paar oder vielleicht auch ein paar Dutzend Mädels geschrieben. Mit manchen intensiver, mit anderen weniger intensiv. Und darunter war dann auch tatsächlich meine zukünftige Ehefrau. Mit der hatte ich allerdings gar nicht so einen regen Austausch, denn sie hat mir gleich zu Anfang irgendwie so geantwortet, dass ich mir gleich dachte: "Ne lass' mal gut sein. Also das kannste gar nicht gebrauchen!" Was das war, weiß ich leider nicht mehr.
Nachdem die grobe Auswahl (oh je, wie sich das anhört, sorry! Nicht falsch verstehen, aber es war nunmal so) erledigt war, kam die Fußball-Weltmeisterschaft 2014.

Ich saß im Hofbräuhaus in Las Vegas, wo wirklich absolut geile Stimmung war! Beflügelt von der guten Laune habe ich also angefangen wieder mit ein paar Mädels zu schreiben - unter anderem auch mit der besagten Dame von ganz zu Anfang. Nennen wir sie mal Annika und nein, es ist nicht ihr echter Name. An dem Abend und auch an den folgenden hat mir das Schreiben mit ihr aber wiederum so gut gefallen, dass ich kurzerhand gesagt habe: "Jetzt machen wir hier Nägel mit Köpfen. Du kommst mich jetzt in Las Vegas besuchen. Ich buche dir einen Flug!" Und sie besuchte mich tatsächlich.

Wow! Da stand sie am Airport - groß, schlank und gutaussehend! Ich war so aufgeregt gewesen, dass ich nur am Quatschen war. Zumindest hat sie es mir später so erzählt. Insgesamt blieb sie zehn Tage lang bei mir. Wir verbrachten eine wirklich wunderschöne Zeit. Ich muss auch zugeben, dass es wohl eine unserer besten Zeiten ever war, wenn ich jetzt mal so zurückblicke.
Wir fuhren unter anderem nach Los Angeles und besuchten meinen Lieblingsfreizeitpark: die Universal Studios. Ein un-

vergesslicher Tag und auch der, an dem ich mich sowas von in sie verschossen habe. Sie fragte mich am Abend: "Du bist verknallt, oder?" Ich sagte ganz ehrlich und mit einem Lächeln auf den Lippen aus vollstem Herzen "Ja und du?" Sie erwiderte: "Ja! Seit heute Morgen, als wir hier im Hotel wach geworden sind." Wir haben uns sowas von ineinander verschossen - mein lieber Scholli!

Trotz allem, was danach daraus wurde und passiert ist, bin ich bis heute ganz tief überzeugt davon, dass das ihrerseits nicht gelogen sein konnte und, dass das, was wir hatten, vor allem in dem Moment und in dieser Zeit, definitiv echt war. Zumindest glaube ich das. Außerdem braucht jeder Mensch etwas, woran er glauben kann und manchmal glauben muss. Somit behalte ich das in sehr guter Erinnerung.

Annika hat mir dann auch ganz ehrlich anvertraut, dass sie eine zweijährige Tochter hat.

"Mich gibt es nur im Doppelpack"
"Kein Thema! Logisch gibt es euch dann nur im Doppelpack. Ich habe mit Kindern keine Probleme, denn ich war bereits in einer Beziehung gewesen, in der meine Freundin Zwillinge hatte", antwortete ich ganz ehrlich.

Schöne Grüße an der Stelle an Max und Flo, die logischerweise inzwischen erwachsen sind.

Für mich stand also fest: Ich muss unbedingt auch die Kleine kennenlernen, denn sie gehört ja schließlich dazu.

Nachdem Annika wieder in Deutschland war, bin ich einen Monat später nach Frankfurt geflogen, um dort mein Investorenvisum zu verlängern und im Anschluss zu meiner neuen Freundin nach Hause zu fahren, um unter anderem ihre Tochter kennenzulernen. Wer viel fliegt, wird es kennen: Ich habe mir natürlich schon im Flugzeug einen riesigen Bazillus eingefangen. In Frankfurt hatte ich dann bereits nervigen

Schnupfen und lag, nach meinem Konsulatstermin bei Annika angekommen, einfach nur noch flach. Ich hatte die sogenannte Männergrippe - das war's!

Statt also eine super lustige Zeit zu haben und das neue Glück zu genießen, habe ich mich auf direktem Wege in ihr Bett begeben und lag "todkrank", gefühlt mehrere Tage, darin. Das war mir super peinlich! Natürlich hat sie Medizin gekauft und sich um mich gekümmert, aber auch ihren Freundinnen davon erzählt. Die waren davon wenig begeistert:
"Wat is'n dat für 'n Kerl? Kommt dich aus Las Vegas besuchen und liegt dann krank in deinem Bett rum? Wat is'n dat für 'ne Nummer?"
Ich hab' mich aber wirklich hundeelend gefühlt. Das hat die kleine Tochter mitbekommen und - süß wie Kinder mit zwei Jahren nunmal sind - war sie ganz neugierig und wollte wissen, wer denn da nun zuhause im Bett ihrer Mutter rumlungert. Also kam sie immer mal wieder ins Schlafzimmer rein und fragte mich "Ziehn, Ziehn?", weil sie natürlich ständig das Wort "Medizin" gehört hat. Das war so niedlich gewesen, dass ich noch heute gerne daran zurückdenke.

Nachdem ich wieder einigermaßen gesund war, haben wir natürlich noch ein paar schöne Tage verbracht. In der Folgezeit war sie dann mal mit der Kleinen mehrere Monate in Las Vegas und ich dann auch mal wieder in Deutschland.

Ich machte mir Gedanken, wie ich die beiden auf schnellstem und einfachstem Wege zu mir nach Las Vegas bekomme. Zu dem Zeitpunkt bekam ich immer noch zahlreiche Zuschriften durch meinen TV Auftritt. Jedoch nicht nur von interessierten Frauen. Denn auch viele Auswanderungswillige haben sich bei mir gemeldet und wollten mit mir quatschen. Den ein oder anderen habe ich also auf diesem Wege beraten und erklärte ihnen, welche Voraussetzungen sie für eine Auswanderung erfüllen müssten.

Das Ganze machte die Runde und so kam auch der Vorbesitzer meiner heutigen Firma "Treasure Tours of Nevada" mit seiner Bitte auf mich zu:
"René, du kennst doch zahlreiche Deutsche, die auswandern wollen, oder? Ich möchte meine Firma verkaufen. Ist da vielleicht jemand bei, der Interesse hätte?"
Die Firma gibt es seit 1999 und sie ist die einzige ihrer Art in Las Vegas. Denn niemand anderes darf oder kann deutschsprachige Touren in Las Vegas anbieten. Das ist und bleibt so, weil alle Lizenzen vergeben sind. Sein Hauptargument war: Jemand, der das machen will, kann keine Lizenz mehr beantragen, sondern nur erben oder kaufen.
"Warum willst du deine Firma verkaufen? Du machst dir doch die Taschen voll! Jeder bucht bei dir, ansonsten kann er keine deutschsprachige Tour in Las Vegas erleben!", erwiderte ich ganz erstaunt.
"Weißte was René, meine Taschen sind voll. Ich hab' eine Solaranlage auf dem Dach, mein Auto und das Haus sind abbezahlt, ich habe meinen Whirlpool im Garten und will einfach nur mein Leben genießen! Ich möchte nicht noch reicher werden, um am Ende sabbernd im Bett zu liegen, weil ich einen Schlaganfall hatte", war seine ehrliche Antwort.
"Außerdem verschenke ich die Firma nicht, sondern möchte dafür ein paar hunderttausend Dollar haben", fügte er noch hinzu. Zudem habe ich keine Lust mehr, bei 45 Grad im Death Valley über die Sanddünen zu klettern.
Das konnte ich verstehen. Ich war ja selbst mit 34 in den vorläufigen Vorruhestand gegangen, um mein Leben zu genießen. Kurzfassung: Ich habe tatsächlich Interessenten gehabt, die aber wieder abgesprungen sind, weil zu der Zeit nicht ganz klar war, ob Donald Trump wirklich Präsident wird und ob das schlecht für den deutschen Tourismusmarkt in den USA wäre. Für mich stand fest: Die interessierten

Auswanderer meinten es letztendlich nicht ernst genug. Auf gut Deutsch:

Bla bla bla und kein Arsch in der Hose. Wie so oft im Leben ...

Darüber habe ich mich ziemlich geärgert, da ich mir vorher noch die Bücher angesehen habe, wie das Unternehmen so aufgestellt ist. Was eben so dazu gehört, wenn es um einen Firmenverkauf geht.
Annika bekam das natürlich mit und fragte, weshalb wir denn nicht die Firma kaufen würden?
Das habe ich erst nicht verstanden. Denn ich saß zuhause, habe mein Leben genossen und die Mieteinnahmen kamen pünktlich auf mein Konto.
Doch Annika hatte recht: "Das ist das Problem. Du hängst den ganzen Tag zuhause rum und bist gerade einmal Mitte 30. Mach' doch nochmal was in deinem Leben. Normalerweise müsstest du noch mindestens 30 Jahre lang arbeiten. Du langweilst dich doch!"
Sie hatte recht. Damit hatte sie mich. Und ich hatte auch wirklich Bock drauf, irgendetwas Sinnvolles zu machen.

Ja, ich will!

Nicht nur, dass wir beide völlig motiviert und Lust auf das neue Projekt hatten. Nein, wir hatten einen genialen Plan! "Wir" ... sorry, eher ich (!) würde die Firma kaufen und lassen uns aber beide zu je 50% als Inhaber eintragen. Auf diese Weise bekommt Annika das Visum auf die Firma und kann somit problemlos in die USA ziehen. Alles war unter Dach und Fach. So dachten wir uns das zumindest.
... Bis uns der Eigentümer der Firma dann doch noch einige Wochen vor der geplanten Übernahme abgesagt hat. Er hatte plötzlich eine Ehekrise und festgelegt:

"Ich lasse mich scheiden!"

Na ganz klasse! Das stand meinem persönlichen Liebesglück natürlich komplett im Weg. An eine Heirat mit Annika hatte ich noch gar nicht gedacht, da wir uns ja erst knapp ein Jahr kannten. Trotzdem wollte ich beide bei mir haben. Wie sollte das nun gehen? Das war für uns wirklich niederschmetternd gewesen. Andererseits dachte ich mir: "Naja, warum eigentlich nicht doch heiraten?" Sie war meine große Liebe, wir verstanden uns gut, also warum sollten wir nicht für immer zusammenbleiben? Sagen wir mal so: Ich hatte die rosarote Brille förmlich an der Nase kleben. Also entschied ich beim nächsten Telefonat wenig romantisch und etwas spontan zu sein:

"Dann lass' uns doch heiraten!"

Ich war total verliebt, also warum eigentlich nicht jetzt. Annika war auch gleich Feuer und Flamme und sagte: "Ja."

Sie kam aus Bremen und ich ursprünglich aus Berlin, wir beide fanden aber auch Hamburg ganz cool und so haben wir entschieden, dass ich nach Deutschland komme und wir dort heiraten werden. Doch so einfach ist es in Deutschland eben nicht. Denn im nächsten halben Jahr war "nüscht" frei in Germany. Weder in Bremen, noch in Berlin oder Hamburg gab es eine Hochzeitsagentur, die einen Termin frei hatte. Dann kam ich auf die Idee, einfach mal in einer Hochzeitskapelle in Las Vegas nach einem Termin zu fragen, ohne zu wissen, wie lange das hier dauern würde. Ich ging also zu einer Wedding Chapel am weltberühmten Las Vegas Boulevard und fragte nach, wie lange vorher man sich für eine Hochzeit anmelden müsse.

"Na, wir haben heute um 18 Uhr und um 19.30 Uhr noch freie Termine. Was passt Ihnen besser?", war die direkte Antwort.

So schnell ging's bei uns ja nun auch nicht, aber ich war erleichtert, dass es möglich war.

Heute vermittle ich sogar Hochzeiten in Las Vegas, aber damals war mir gar nicht bewusst, wie einfach es ist, in der geilsten Stadt der Welt zu heiraten. Und kleiner Fun Fact am Rande: In keiner Stadt der Welt werden mehr Hochzeiten getraut als in Las Vegas!

Annika war natürlich auch völlig überrascht und etwas überfordert, weil es so schnell gehen sollte und könnte, wenn wir es wirklich wollten. Und ja, wir wollten. Aber dann leider ohne große Feier mit der Familie.

Ich flog nochmal zurück nach Deutschland, um sie und die Kleine zu besuchen und ihr natürlich einen vernünftigen Heiratsantrag zu machen. Geplant, getan. Und ja, ich kann sagen: Der Antrag war very romantisch gewesen. Mit verbundenen Augen musste sie sich 30 Minuten in den Mietwagen setzen und wir fuhren zu einer sehr außergewöhnlichen Location. Es folgten Rosenblätter, Kerzen und das volle Programm eben!

Sie sagte JA!

Anschließend kam sie nach Las Vegas und wir heirateten.

Aber wie bereits vorausgesagt, war keine Familie dabei. Das war für sie schlimmer als für mich. Frauen sind da etwas emotionaler. Aber ich war froh, dass alles funktioniert hat.

Anschließend flog meine frischgebackene Ehefrau zurück nach Deutschland, um alles mit den Papieren zu klären und denselben Visa-Status für sich und ihre Tochter zu beantragen, wie ich ihn habe. Jetzt war ja alles rechtens. Ein gutes Vierteljahr später nahm ich beide in Las Vegas in Empfang und wir waren endlich eine Familie.

Zu der Zeit hatte ich noch in dem Haus von Jan Rouven gewohnt, wo inzwischen aber leider immer mehr kaputt ging. Das Haus war Baujahr 1990 - mit Stil, aber auch nicht ohne Mängel. Obwohl ich mehrmals Hinweise gegeben habe, wollte sich keiner rühren, um mal etwas auszubessern oder ernsthaft reparieren zu lassen. Bei fast $ 3.000 Miete war das schon etwas enttäuschend. Ich kannte es schließlich von meinen eigenen Häusern. Wenn etwas kaputt geht, bin ich als Vermieter zuständig. Dafür zahlt der Mieter schließlich seine Miete.

Weil meine Hinweise zu den Mängeln gekonnt ignoriert wurden, habe ich kurzerhand die Miete um 20% gekürzt. Daraufhin gab es einen unschönen Schriftwechsel, dessen Ende dann letztendlich die Kündigung war. Ich sollte raus - innerhalb von einem Monat. Mit Sack, Pack, Hund, Familie und das auch noch zwischen Weihnachten und Neujahr.

Mir, der eigentlich genug Kohle hatte, um in Ruhe zu leben, jemandem, der selbst mittlerweile elf

Häuser besaß, drohte nun also zusammen mit dem frischgebackenen Glück, die Obdachlosigkeit.

Kaum, dass beide also in den USA ankamen, war mein bzw. unser nächster Auftrag: Ein neues Zuhause finden.

Zu dem Zeitpunkt sind die Hauspreise allerdings enorm gestiegen, weshalb für mich nur eine Hausfinanzierung mit einer ordentlichen Anzahlung in Frage kam. Der größte Teil meines Geldes war ja bereits in meine eigenen Mietshäuser investiert.

Für die Finanzierung gebrauchter Häuser war ich nicht qualifiziert bzw. mein Credit Score war dafür nicht gut genug. Ich lebte ja noch nicht einmal zwei Jahre in den Staaten. Bei einem Neubau sind die kreditgebenden Banken etwas lockerer und somit kam auch nur ein solcher in Frage. Die Kredite werden hier leichter vergeben, da die Häuslebauer unter Druck standen, die nagelneu gebauten Häuser schnellstmöglich loszuwerden.

Wir fuhren also durch Las Vegas, schauten uns Grundstücke und Neubauten an. Eins hat uns gleich zugesagt und wir sicherten zu, es nehmen zu wollen.

Als wir zur Unterschrift am Folgetag in das Maklerbüro gingen, haben wir erfahren, dass wir nun auf Platz 24 der Warteliste stehen.

"Das geht nicht! Ich brauche zum Jahreswechsel das Haus, sonst sitzen wir auf der Straße", machte ich nochmal ganz klar.

"Kein Problem! Wenn die anderen 23 absagen, bekommen Sie es!", hat uns der Makler hoffnungsvoll in Aussicht gestellt.

Und die 23 anderen sagen jetzt binnen vier Wochen alle ab. Ja, ne ist klar ...

"Bye bye!" Wir schauten uns nach einem anderen Haus um.

Als wir weiterfuhren, sahen wir uns dann drei Häuser an - ein kleines, ein mittleres und ein großes im Südwesten von Las Vegas. Wir haben uns für das größte entschieden. Fünf Zimmer, vier Badezimmer, drei Garagen. Wichtig war uns, dass der Deal binnen 14 Tagen über die Bühne geht, sonst würden wir obdachlos sein. Auch hier hieß es: "Kein Problem! Zum 31.12. machen wir die Hausübergabe, dann bekommen sie auch noch ein paar Upgrades kostenfrei dazu, wenn der Deal noch dieses Jahr über die Bühne geht."

Wir waren so glücklich! Es hat tatsächlich geklappt. Aber natürlich nicht pünktlich. Denn es war mittlerweile zwischen Weihnachten und Neujahr und die Bank hat es einfach nicht in der vorgegebenen Zeit geschafft, alle Unterlagen fertig zu machen. Trotzdem mussten wir am 31.12. aus dem anderen Haus raus.

Wir haben also ein paar Tage vorher alles aus dem Haus geräumt, in ein Lager gebracht und wollten am Silvestertag die Schlüsselübergabe an Jan Rouven und seinen Partner machen. Tja, wer ist nicht erschienen? Richtig: Jan und sein mittlerweile ebenfalls frisch angetrauter Ehemann waren einfach zu feige, mir ins Gesicht zu schauen und die Schlüsselübergabe sauber über den Tisch zu bringen.

Ich habe den Schlüssel in den Briefkasten geschmissen und war mit dem Moment des Einwurfs offiziell obdachlos. Ne sorry, WIR waren obdachlos. Ich war ja mittlerweile nicht mehr mit Spike alleine.

Silvester stand bevor und weil wir erstmal keine Bleibe hatten, fuhren wir nach Los Angeles. Eine absolut geile City, um mal Urlaub zu machen und deshalb versprachen wir uns zur Ablenkung wenigstens eine großartige Feuerwerksshow am Santa Monica Pier erleben zu können. Der ganze Trubel und nun obdachlos zu sein, war nicht unbedingt die tollste Zeit in meinem Leben. Das Motto war also:

"Trotzdem nicht aufgeben, irgendwie wird das schon alles weitergehen."

Wir ließen Spike im Hotelzimmer, damit er nicht den Knallkörpern draußen ausgesetzt ist und gingen zum weltberühmten Santa Monica Pier. Dort versammelten sich neben uns drei auch zahlreiche Menschen. Wir zählten alle gemeinsam laut runter "fünf, vier, drei, zwei, eins" - 0:00 Uhr ... Und was passierte?

Einfach nichts! Es passierte gar NICHTS! Ja ich sag's nochmal: N-I-C-H-T-S!

Und nach fünf Minuten waren alle weg. Kalifornien macht einfach kein Feuerwerk zu Silvester. Annika schaute mich an und sagte wortwörtlich zu mir: "Also, so ein beschissenes Silvester habe ich noch nie erlebt!" Und damit begann das neue Jahr genauso bescheiden, wie das davor geendet hat. Na dann:

"Happy New Year!"

Wir fuhren einige Tage später zurück nach Vegas, wohnten vorübergehend bei einem Freund, dann einige Tage in einem Hotel am Colorado River. Was mir in Erinnerung geblieben ist, ist Folgendes: Es gab keinen Kühlschrank auf dem Zimmer und so packten wir unsere verderblichen Lebensmittel in eine Waschwanne mit Eiswürfeln, damit sie kühl blieben. Es war mir so peinlich!
Das war wohl nicht der "American Dream", den sich Annika und die Kleine vorgestellt haben und auch nicht das, was ich meiner neuen Familie bieten wollte. Hätten wir das Hotel

nicht gehabt, wären wir so richtig auf der Straße gelandet. Einfach unvorstellbar! Mitte Januar stand unsere Hochzeitsreise an und diese sollte an einem Freitagabend mit einem Flug nach Florida beginnen. Das lange Warten hatte endlich ein Ende und am selben Tag, als unsere Hochzeitsreise begann, erhielten wir endlich die Schlüssel für unser neues Eigenheim.

Wir sind in das Haus rein, haben geduscht und uns - kein Scheiss - mit einem kleinen Waschlappen abgetrocknet. Wir hatten ja nichts im Haus. Keine Handtücher, keine Anziehsachen, außer das, was im Koffer war, einfach gar nichts. Es war alles eingelagert und das Lager hatte ab 18 Uhr zu!

Am selben Abend flogen wir nach Florida, weil dort am nächsten Tag unsere Kreuzfahrt starten sollte. Der Plan war mit dem damals größten Kreuzfahrtschiff der Welt "Oasis Of The Seas" in die Karibik zu reisen. Davon wusste Annika aber nichts. Ihr erzählte ich lediglich, dass ich ein Ferienhaus in Florida gemietet habe. So richtig begeistert war sie nicht, denn im Januar ist es auch dort nicht unbedingt warm. Zumindest nicht an dem Ort, den ich ihr vorgeflunkert hatte.

Das richtige Ziel war Fort Lauderdale. Doch wegen zu viel Nebel mussten wir auf unserem Flug zwischen Las Vegas und Fort Lauderdale nun in Tampa zwischenlanden. Da standen wir nun auf dem Flughafen in Tampa. Einige hundert Kilometer vom Hafen entfernt, wo das Kreuzfahrtschiff heute definitiv auslaufen wird. Mit oder ohne uns ... Ich wurde sichtlich nervös und Annika hat die Welt nicht verstanden: "Was ist denn mit dir? Warum bist du so unruhig?", fragte sie mich ganz verwundert über mein komisches Verhalten.

"So Schatz, ich muss dir was sagen, wir haben kein Ferienhaus hier in Florida. Wir machen eine Kreuzfahrt und müssen in drei Stunden in Fort Lauderdale am Schiff einchecken!"

Es folgte ein erstaunter und gleichzeitig nachdenklicher Blick. Trotzdem konnte man die Vorfreude, aber auch die Verwirrung meiner Ehefrau darin erkennen. "Wie jetzt und wir sind ganz woanders gelandet ..." Das ist mir bis heute noch in Erinnerung.

Nachdem ich alle Stewardessen verrückt gemacht habe und gefühlte drei mal gestorben bin, kamen wir tatsächlich noch pünktlich vor der Abfahrt des Kreuzfahrtschiffes in Fort Lauderdale an. Wir hatten, zusammen mit der Kleinen, eine wirklich wundervolle Zeit auf dem Kreuzfahrtschiff. Balkonkabine, Inselhopping, wir mieteten in Mexiko einen Jeep mit Verdeck und gingen auf Erkundungsreise, standen auf Jamaica in den Wasserfällen, wo James Bond gedreht wurde, die Karibik vor der Nase, Frühstück auf die Kabine kommen lassen und und und. Eben auch hier das volle Programm!

Das schöne neue Leben - unser Leben

Nach der tollen Reise kamen wir zurück nach Las Vegas und haben natürlich direkt mit der Neueinrichtung des Hauses begonnen. Alles raus aus dem Lager und rein ins neue Haus. Wir haben begonnen, unser neues Leben einzurichten. Der ganz neue und aufregende Alltag konnte beginnen.

Ich ließ am Haus einen Pool inklusive Whirlpool in den Garten bauen. Habe der Kleinen das Schwimmen beigebracht, sie zur Preschool gebracht und was eben so als frisch gebackener Stiefvater dazu gehört.

Der echte Vater hingegen hat sich vorher und auch die ganze Zeit über, nicht eine Sekunde um die Kleine geschert, geschweige denn einen Cent für sie ausgegeben. Weder Unterhalt gezahlt noch zu Weihnachten oder zum Geburtstag etwas geschenkt. Zumindest wurde es mir so von Annika gesagt ... Wer weiß, ob das der Wahrheit entsprochen hat. Ich werd's wohl nie herausfinden.

Sie war wie mein eigenes Kind und so habe ich sie auch immer behandelt. Klar, es war sicher nicht immer alles perfekt, aber wir waren glücklich und der Kleinen ging es gut. Wie schnell Kinder in einem neuen Land eine neue Sprache lernen, ist der absolute Wahnsinn! Sie quasselte nur noch Englisch. Irgendwie beneidenswert.

Annika fand Arbeit in einer deutschsprachigen Hochzeitsagentur, wo ich sie auch jeden Tag hinfuhr. Der Führerschein in Amerika sieht zwar super einfach aus, aber durch die Sprachbarriere sind die Fragen nicht immer so leicht und so fiel sie ein paar Mal durch die Prüfung. Aber kein Problem. Ich fahre gerne und das hat mir auch nichts ausgemacht. Ich hatte ja eh die Zeit.

Irgendwann, durch einen, mehr oder weniger, nennen wir es mal Zufall, stöberte Annika in einer App herum, die dafür bekannt ist, Artikel zu günstigen Preisen aus Asien weltweit zu versenden. Durch mehrere Klicks, fand sie die Einkaufsquelle für den wohl größten deutschen Sextoy-Anbieter heraus. Oh je, Leute! Was erzähle ich euch hier eigentlich so alles? Aber ich muss es erzählen, denn es gehört einfach zu meiner Geschichte dazu.

Weiter geht's: Wir bestellten also einen riesigen Karton mit all dem, was man so "gebrauchen konnte" zu uns nach Hause. Bei den günstigen Preisen mussten wir wirklich unglaubliche Mengen bestellen, da der Händler in Asien unter $ 250 nichts verschickte. Wir dachten uns, so viele Dinger können wir uns gar nicht sonst wo ... Naja, ihr wisst was ich meine.

Wir bestellten einfach alles, wo wir Bock drauf hatten und würden den Rest einfach im Internet verkaufen und so das Zeug gratis haben, was wir für uns behalten wollen.
Die riesige Kiste kam an, wir stellten einige Artikel online und tatsächlich sind wir alles, was wir loswerden wollten, auch in kürzester Zeit wirklich losgeworden. Resultat: Was wir für uns haben wollten, hatten wir sozusagen gratis.
Lustigerweise hatte ich diese Idee schon einmal früher in Berlin, als ich wirklich verzweifelt war und nicht wusste, womit ich mein Geld verdienen soll. Doch in Deutschland habe ich mich das nicht getraut und kannte auch die Einkaufsquelle, die Annika nun durch Zufall gefunden hatte, nicht. Aber jetzt, wo alle Faktoren passen - why not?

Nur mal ein Beispiel: Ein Dildo kostete im Einkauf ca. $ 2 und im regulären Verkauf um die $ 19. Wir verkauften ihn für $ 10 - die Marge passt! Ende vom Lied: Wir hatten für ein paar tausend Dollar Zeug bestellt und somit schon bald massig

Kisten voll mit Sextoys zuhause, die bereit waren für den Verkauf.

Gerade als wir eine neue Gewerbeanmeldung fertig machten, die neue Homepage online ging und wir anfingen das Business ernsthaft aufzubauen, kam - haltet euch fest – Norbert von "Treasure Tours of Nevada" erneut um die Ecke:

"Ich möchte meine Firma jetzt doch verkaufen."

Deutschsprachige Las Vegas Touren

"Wie jetzt? Erst verkaufen wollen, dann doch nicht und nun doch?"

Ich sprach mit meiner Frau und wir entschieden uns, das Dildogeschäft dann doch lieber sein zu lassen und die Tourfirma zu übernehmen. Das Potential war einfach zu gigantisch! Irgendwie wirkte es sicherer und ich hatte auch wirklich große Lust drauf. Einzige Bedingung war aber, dass auch meine Frau mit einsteigt, denn alleine würde ich nicht alles gleichzeitig bewältigen können und auch nicht wollen. Außerdem könnten wir mit der Firma viel mehr Kohle machen. Wir einigten uns: Ich fahre die Touren und sie macht die Buchhaltung, Reservierungen und alles, was dazugehört.

Es war Herbst und ich fragte Norbert, wann er verkaufen möchte.

"Sofort!", war seine Antwort. Ich bat ihn noch um etwas Luft bis zum 1.1., damit ich genügend Zeit habe, mich einzuarbeiten.

Die Dildos haben wir also wieder in die Kisten verpackt und im Schrank verstaut. Der Papierkram für die Tourfirma wurde fertig gemacht und ich fuhr ab sofort die Touren als Gast mit. Mit dabei: Handzettel, Stift und ein klarer Kopf. Parallel dazu baute ich eine neue Homepage und das Jahresende nahte. Norbert hatte schon wirklich gar keinen Bock mehr. Und so bat er mich, die Touren schon früher selbst zu fahren. Na gut, irgendwann musste ich es ja sowieso. Ich fing also mit meinen eigenen deutschsprachigen Touren an und konnte das Geld dafür auch schon vollständig behalten.

"Fairer Deal", dachte ich mir.

Norbert, dafür nochmals Danke!

Mein Gott! Im Nachhinein betrachtet muss ich mich an dieser Stelle wohl bei meinen ersten Kunden entschuldigen. Die Touren waren wohl doch ziemlich holprig gewesen. Ich musste mich einfach auf so viele Dinge gleichzeitig konzentrieren: Die Route, die ich zu fahren hatte, all die Infos zu den Las Vegas Hotels und Casinos genau an der richtigen Stelle im richtigen Moment zu erzählen. Zwischendurch Fragen und Wünsche der Kunden zu berücksichtigen. Dann noch den Verkehr im Auge zu behalten. Sagen wir mal so: Der Anfang war echt nicht einfach gewesen.

Mittlerweile kann ich jedoch voller Stolz sagen, dass genau diese Erfahrung mich extrem geprägt und einen Großteil zu meinem heutigen Leben und Sein beigetragen hat:

René Meinert, der deutschsprachige Las Vegas Tour Guide

Was ich aber schon beim Vorbesitzer wirklich cool fand und auch bis heute genau so mit meinen eigenen Mitarbeitern handhabe ist Folgendes: Ich kontrolliere nicht, WIE meine Mitarbeiter exakt die Touren fahren und auch nicht, WAS sie meinen Gästen erzählen. Denn am Ende des Tages ist nur eines wirklich wichtig:

Der Kunde muss zufrieden sein und einen Mehrwert mitnehmen, wenn er das Fahrzeug verlässt.

Denn so ziemlich jeder, der an unseren Touren teilnimmt, möchte einfach nur so viel wie möglich von Las Vegas aufsaugen und vielleicht noch die ein oder andere Frage beantwortet haben. Deshalb sind unsere Touren einfach ein super lebhafter Austausch und jede einzelne davon ist gespickt mit Tipps, Tricks, allen wichtigen Fakten, die man für seinen Aufenthalt in Las Vegas braucht und die meisten davon werden einen absolut begeistern! Ich kontrolliere keine

Mitarbeiter und mir ist es egal, ob sie von Süden nach Norden, von rechts nach links oder umgekehrt fahren - Hauptsache die Kunden sind happy! Und im wortwörtlichen Sinne: Treasure Tours of Nevada fährt damit seit Jahren sehr gut!

Eines sei jedoch jetzt schon einmal angekündigt: Je nachdem, ob dieses Buch ein Erfolg wird oder nicht, wird ein weiteres Buch, speziell zum Thema:

Einer der coolsten Jobs der Welt - Tourguide in Las Vegas!

folgen. Ihr dürft also gespannt sein und habt es mit euren Weiterempfehlungen in der Hand, eine Fortsetzung zu realisieren - ich würde mich freuen.

Horror-Besuch in Deutschland

Um Mitarbeiterkosten zu sparen und in die ganze Sache erstmal reinzuwachsen, bin ich gerade am Anfang, besonders viele Touren selbst gefahren und habe alles alleine gemacht. Dementsprechend war ich oft auch spät zuhause. Das führte wohl dazu, dass meine Frau genügend Zeit hatte, Heimweh zu entwickeln. Und so war es ihr besonders wichtig, nach anderthalb Jahren USA Aufenthalt, mal wieder nach Deutschland zu fliegen. Einfach so zu Besuch.

Ich hatte zwar keine große Lust, aber da zu dem Zeitpunkt wieder eine Visumserneuerung anstand, hat es sowieso gepasst. Trotzdem hatte ich aus irgendeinem unerklärlichen Grund, dieses Mal kein gutes Bauchgefühl aus Las Vegas abzureisen. Ich wollte am liebsten einfach nicht aus Vegas weg.

Als wir über die Stadt hinweg flogen, hatte ich ein richtig komisches Gefühl in der Magengegend. Es hätte mir da schon zu denken geben sollen, denn ich sollte recht behalten!

In Deutschland angekommen, hatten wir gleich am nächsten Tag einen Termin im US-Generalkonsulat in Frankfurt, welches ich ja bereits schon von meinem vorherigen Visumsantrag kannte. Aber der folgende Satz vom Beamten war mir absolut neu:

"**Ihr aktueller Visumsantrag ist abgelehnt.**"

"WIE BITTE? Ich hatte mein Visum doch die ganze Zeit und habe mir auch nichts zu Schulden kommen lassen. Im Gegenteil."

"Ihr Immobiliengeschäft reicht uns nicht für ein Investorenvisa", war die nüchterne Antwort.

"Wie jetzt? Ich besitze elf Häuser im Wert von weit über einer Million Dollar, biete elf US-amerikanischen Familien ein Zuhause und zudem haben wir gerade frisch eine Tourfirma für ein Paar hunderttausend Euro erworben. Der Kaufvertrag ist durch, die Gäste haben Touren gebucht und ich bin gerade dabei das Ganze anzukurbeln. Das kann ich ja schlecht von hier aus machen! Und außerdem habe ich einen Hund drüben!", argumentierte ich mich um Kopf und Kragen.

"Herr Meinert. Die Tour-Firma ist nicht im Visumsantrag enthalten und auf die Immobilien kriegen sie kein Visum mehr, verstanden?"

Ich winkte Annika zu mir und erzählte ihr, was ich gerade erfahren habe. Daraufhin hat sie es auch nochmal versucht:

"Ich hab' doch aber drüben noch den Job in einer Hochzeitsagentur!" Darauf der Beamte relativ unbeeindruckt und knallhart:

"Ab heute nicht mehr!"

Wir sind aus allen Wolken gefallen. Ich konnte das so nicht stehen lassen und musste ja wenigstens meine Angelegenheiten regeln. Also habe ich es noch ein letztes Mal versucht:

"Bekomme ich wenigstens ein Besuchervisum, um alles in den USA abzuwickeln und meinen Hund abholen zu können?", fragte ich.

"Ja, Ihnen genehmige ich das. Ihre Frau und Ihre Stieftochter bleiben hier in Deutschland", hat der Beamte bestimmt.

Ich war vollkommen verzweifelt und dachte mir nur: "WOW! Vor einigen Jahren war ich mit hunderttausenden von Dollar als Investor in den USA willkommen geheißen worden und jetzt, wo die Wirtschaftskrise vorbei ist, bin ich der letzte Arsch für die. Was für ein Albtraum!"

Der Drops war gelutscht. Ich musste sowohl meine Frau als auch meine Stieftochter in Deutschland im Hotel zurücklassen und ganz alleine wieder zurück in die USA fliegen. In Vegas habe ich mich natürlich mit Anwälten und allen getroffen, von denen ich mir nur die kleinste Hilfe versprochen habe. Mein Anwalt war natürlich auch völlig entgeistert, warum es diesmal nicht problemlos durchgegangen ist. Das sei ungewöhnlich, fügte er hinzu! Aber er hatte auch die Idee, es mit der Tour-Firma erneut zu versuchen. Gesagt, getan.

Und tatsächlich: Mein neues Visum wurde binnen weniger Wochen genehmigt - Ich durfte wieder ganz legal in den USA bleiben und meinem Job nachgehen!

Die Genehmigung wurde umgehend nach Frankfurt an das Konsulat gesendet, damit meine Frau und Stieftochter wieder zu mir in die USA fliegen konnten. Immerhin war hier ihr neues Zuhause. Das passte dem US-Konsulat in Frankfurt so gar nicht und die Visumsvergabe an die beiden zog sich ein knappes Dreivierteljahr hin.

Wie ihr euch sicher gut vorstellen könnt, hat das natürlich den ersten Knacks in die Ehe und unsere bis dahin problemlose Beziehung gebracht. Wir waren zwangsgetrennt, obwohl wir augenscheinlich nichts verkehrt gemacht haben.

Ich hasse Ungerechtigkeit!

Ich hatte fast ein Dutzend Häuser, schaffte Arbeitsplätze, gab amerikanischen Familien ein Dach über dem Kopf, liege dem amerikanischen Staat mit nichts auf der Tasche und werde dafür so behandelt. Es ist bis heute einfach unfassbar, wie ein einziger Mensch dazu in der Lage ist, einer Familie das komplette Leben auf den Kopf zu stellen.

Falls das hier zufällig ein US-Konsulatsbeamter lesen sollte, hier ein gutgemeinter Hinweis: Sie sind mit so einer Entscheidung wirklich in der Lage, eine oder mehrere Existenzen und auch ganze Familien zu zerstören!

Das hat noch sehr lange an mir genagt. Aber eines war danach wirklich interessant. Über drei Ecken wurde mir später, durch die Blume, noch eines mitgeteilt:

"René, weißt du, was der Unterschied zwischen deinen ersten beiden und dem dritten Visumsantrag war?", wurde ich gefragt.

"Keine Ahnung, ich hatte ein Haus mehr im Portfolio?", habe ich geantwortet.

"Nein, du hast geheiratet." Ich checkte immer noch nichts.

"Ja und?"

"Bei deiner Frau bzw. in ihrem Umfeld gibt es Ungereimtheiten, die den USA nicht gefallen! Sie steht unter Beobachtung und bekommt deshalb kein Visum genehmigt. Da man ihr, aufgrund deines Status, das Visum nicht so einfach verweigern kann, trifft es den Antragsteller des Hauptvisums. Das bist du in diesem Fall. Solange du keins bekommst, kriegt sie auch keins." Es traf mich wie ein Schlag! Ich dachte mir: "Alter Schwede, was läuft denn hier ab?" In was bin ich hier bloß reingeraten?

Was es damit auf sich hat, klärt sich später noch in diesem Buch ...

Irgendwie überleben

So fühlte es sich an. Ich musste "irgendwie überleben" und das alles auf einmal alleine stemmen. Die neue Firma, das Haus, Spike, meine Mieter, die Häuser und damit klarzukommen, dass ich weder meine Frau noch meine Stieftochter, geschweige denn mein normales Leben hatte.

Und ganz nebenbei musste ich die ganze Situation ja auch noch irgendwie finanziell stemmen. Das hat mich nicht nur viele Nerven, sondern auch jede Menge Geld gekostet und das einzige, was meine Frau mir helfen konnte, war die Buchhaltung von Deutschland aus zu erledigen. Das war aber irgendwie auch nicht das Wahre und konnte ja keine langfristige Lösung für unser Leben sein.

Neun Stunden Zeitverschiebung. Wenn ich aufgestanden bin, um Touren zu fahren, brach ihr Abend an. Als ich Feierabend hatte, war bei ihr schon nachts und sie schlief. Zumindest dachte ich das. Dazu später mehr.

Um Hotelkosten zu sparen, ist sie, nach einigen Wochen oder Monaten, auch wieder zu ihren Eltern gezogen und ich hatte nicht ständig Zeit zu telefonieren, weil ich mich um alles kümmern musste.

Knacks! Gehört? So zerbrach, langsam aber sicher unsere Beziehung. Das konnte so nicht weitergehen. Also drängte ich meinen Anwalt: "Wir müssen irgendwas tun! Ich muss jetzt meine Frau und Stieftochter wieder hierher holen! Was soll das? Der Antrag ist nicht mal abgelehnt. Und die Prüfung dauert jetzt schon einige Wochen. Die können das ja ewig hinausziehen. Was können wir tun?"

Und tatsächlich hatte mein Anwalt eine Idee. Diese Idee sollte mich nur mal wieder um einiges an Geld leichter machen. Und diesmal kostete mich diese Nummer mal so richtig Geld. Ein sogenanntes EB-5 Visum!

Diese Art Visum ist ein höher gestelltes Investorenvisum, das der Green Card gleichgestellt ist. Die Bedingung dafür ist "nur", eine Investition von mindestens einer halben Million US-Dollar in ein wirtschaftlich schwaches US-Unternehmen zu tätigen. Das bedeutete für mich mal wieder im Leben:

"ALL IN!"

Ich verkaufte zahlreiche Häuser, nahm alles Geld und investierte in ein Hotelbauprojekt in den USA. Was mir zu diesem Zeitpunkt aber keiner gesagt hat ist, dass die Bearbeitung eines solchen Visums wohl zwischen 18 und 24 Monaten dauert. Also auch keine kurzfristige Lösung.

Das Ende naht

Na gut, Amerika wollte es so. Ich kündigte die US-Bürger aus meinen Mietshäusern, ließ diese renovieren und verkaufte sie dann wieder, um ins neue Visa zu investieren. Ihr könnt mir glauben: Das hat mir auch keinen Spaß gemacht! Aber ich musste es tun, um meine eigene Familie zu erhalten. Ich habe mir nichts sehnlicher gewünscht, als ein normales Leben mit meiner Frau und Stieftochter führen zu können. Dafür war ich eben bereit, Opfer zu bringen. Als ich dann investiert hatte, wurde das ursprüngliche Visum meiner Frau dann doch überraschenderweise plötzlich genehmigt. Sie konnte wieder zu mir kommen und das ist es auch, was sie umgehend getan hat. Wir waren endlich wieder in den USA vereint, mussten uns nun aber wieder etwas annähern, zueinander finden und irgendwie einen gemeinsamen Alltag entwickeln. Doch von nun an war es anders. Ich hatte irgendwie ein komisches Gefühl. Irgendetwas stimmte nicht mehr ...

Mein Gefühl sollte mich nicht täuschen!

Hinter einer Blumenvase hatte ich schon lange einen Umschlag mit Bargeld versteckt. Er war immer da. Und ich weiß es! Denn als einsamer Ein-Mann-Haushalt über das ganze frustrierende Jahr hinweg, musste ich ja auch selbst sauber machen.

In dem Umschlag waren immer ein paar hundert Dollar deponiert gewesen - für den Fall der Fälle. Die Betonung liegt auf "waren". Denn als meine Frau wiederkam, war der Umschlag plötzlich weg. Spurlos verschwunden.

Darauf habe ich sie natürlich angesprochen, aber mehr als "Da war doch gar nichts" kam nicht bei rum. Auch ihren Erklärungsversuch "Das muss jemand anderes mitgenommen haben" habe ich nicht gelten lassen. Erstmal hatte ich kaum Besuch und zweitens guckt dieser wohl eher kaum hinter die Blumenvase.

So ein Quatsch! Diebstahl in der eigenen Familie. WOW. "Das ist meine Ehe?", dachte ich mir enttäuscht.

Ab hier beginnt übrigens der Zeitpunkt, wo ich hellhörig hätte werden müssen. Aber hinterher ist man eben immer schlauer. Ich war glücklich, dass ich sie wieder bei mir hatte, also habe ich das Thema nicht weiter vertieft und es gut sein lassen. An ein paar hundert Dollar sollte es jetzt ja auch nicht scheitern - meine Ruhe war mir auf jeden Fall mehr wert. Vielleicht hatte sie ja auch recht, da war nie ein Briefumschlag mit Geld da gewesen und ich habe es mir nur eingebildet ...

Zu dem Zeitpunkt bin ich natürlich auch viele Touren gefahren und die Kleine fand in ihren alten Alltag, ging wieder zur Schule und und und. Wir "wurschtelten" uns so durch.

Der Currywurst-Mann

Die nun beschriebene Person ist unter anderem durch einige TV-Auftritte bekannt geworden. Und JA! Es ist genau der, an den ihr denkt! Diejenigen, die sich etwas näher mit ihm befasst haben, werden feststellen, dass er das TV tatsächlich dazu ausgenutzt hat, gutgläubigen Menschen das Portemonnaie etwas zu erleichtern - und das ist noch nett ausgedrückt. Das kam zwar alles erst sehr viel später zum Vorschein, steckte aber damals wohl schon in seiner DNA. Jetzt nimmt das Ganze so richtig Fahrt auf. Denn, wo der Currywurst-Mann auftaucht, bleibt nichts außer verbrannte Erde. Aber fangen wir ganz von vorne an: Meine damalige Frau und ich kannten den Typen bereits aus dem Fernsehen und so kam irgendwann das Thema auf, dass wir ihn auch mal gerne treffen möchten. Wie der Zufall es so will, kam der Currywurst-Mann mit seiner damaligen Frau nach Las Vegas.

"Perfekt, dann können wir uns ja treffen und mal ein bisschen zusammen quatschen", schlug ich vor.

"Scheint ja ein lustiger Typ zu sein", dachte ich damals noch ganz naiv, ohne ihn näher zu kennen.

Eines Abends, als ich uns Tickets für eine Las Vegas Magic-Show besorgt hatte, sagte mir meine Frau, dass er mit seiner Frau gerade schon in Las Vegas ist. Da wir schon die Show Tickets hatten und das alles dann ganz schön spät werden würde, sagte meine Frau kurzerhand:

"Weißte was? Lass mich doch einfach alleine mit den beiden treffen und ich gucke, ob die überhaupt in Ordnung sind. In der Zeit, kannste mit der Kleinen nach Hause fahren und sie zu Bett bringen. Sie muss ja morgen früh wieder zur Schule."

Ich war nicht ganz so begeistert von dieser Idee und sagte etwas trotzig: "Na, ich würde die beiden auch schon gerne mal kennenlernen wollen. Laut dem, was man im Fernsehen sieht,

haben die beiden schon ein interessantes Leben und die ganze Auswanderergeschichte hört sich echt cool an."
Doch meine Frau blieb standhaft: "Ne, das wird dann zu spät mit der Kleinen. Sie muss morgen in die Schule."
Okay, die Frau hat gesprochen. Das Thema war für mich also vorerst erledigt. Wir fuhren also zur Magic-Show, hatten einen netten Abend. Danach stiegen wir ins Auto und ich wollte nach Hause fahren. Für meine Frau war das Thema allerdings noch nicht erledigt und sie sagte:
"Ne, ne. Setz' mich mal bitte hier ab. Da sind die beiden jetzt gerade."
"Naja, sie ist erwachsen genug und wird schon wissen, was sie macht. Da werde ich jetzt nicht weiter reinreden", dachte ich mir.
Im Nachhinein betrachtet, hätte ich es aber wohl doch lieber gemacht ...
Ich fuhr also mit der Kleinen nach Hause. Wir haben gemeinsam Zähne geputzt, ich habe sie, wie so oft, ins Bett gebracht und ihr noch eine Gute-Nacht-Geschichte vorgelesen.
Spät abends schrieb Annika mir dann: "Ich komme jetzt mit dem UBER Taxi nach Hause." Ihr Urteil zu den beiden: Mega unsympathisch!
"Die Frau hat nur am Handy gehangen und der Currywurst-Mann hat mich die ganze Zeit mit seinem Auto zugequatscht! Echt nervig!", sagte sie.
"Also wenn du dich nochmal mit den beiden treffen möchtest, dann machen wir das. Aber ich brauche das eigentlich nicht nochmal!", hat sie halb lachend festgestellt.
Gutgläubig wie ich bin, gab ich ihr zu verstehen: "Ne, wat soll ich mich da jetzt nochmal mit denen treffen? Wenn du sagst, das ist nichts mit den beiden, dann hat sich die Sache eh erledigt. So wichtig ist mir das auch wieder nicht." Und damit war's für mich auch gut. Haken dran.

Aber "denkste", denn der dicke Hammer folgte erst noch einige Tage später ...

"Deine Frau ist die größte Schla*pe auf Erden!"

Wie bitte? Die Frau vom Currywurst-Mann kontaktierte mich über Social Media und hatte richtig heftig gute Laune.

Ich antwortete ihr: "Was soll das denn jetzt?"

Ihre Nachricht fühlte sich an, als hätte mir jemand mit dem Hammer direkt eine vor den Latz gehauen:

"Annika hat sich mit meinem Mann in Las Vegas getroffen!"

Mit dem letzten Glauben an das Gute im Menschen schrieb ich ihr noch zurück:

"Ja, weiß ich doch, du warst doch dabei gewesen!"

"Nö, ich war noch nicht mal in Las Vegas!", erwiderte sie und meine Welt brach zusammen.

Pauseee! Tief durchatmen. Was war das denn gerade?

"Du warst nicht hier in Las Vegas?", wollte ich nur noch einmal sichergehen.

"NEIN! Ich war nicht da gewesen."

Wieder eine Pause. Da war ich platt!

Ich saß im Arbeitszimmer und brauchte erstmal eine kurze Zeit, um mich zu sammeln. Annika entspannte sich zu dem Zeitpunkt auf unserer Terrasse am Pool.

Ich war auf 180 und mir stieg einfach alles zu Kopf! Also bin ich zu ihr raus und fragte sie:

"Weißt du, wer mich gerade kontaktiert hat?"

Sie hing am Telefon und sagte:

"Ja, ja. Ich telefoniere grad mit C..." (dem Currywurst-Mann).

Na das passte ja.

"Dann gib mir mal den Vogel gleich her! Das klären wir jetzt hier und sofort!", feuerte ich ihr entgegen.

"Nein, er hat gesagt, er möchte nicht mit dir sprechen", sagte sie recht unbeeindruckt.

"Gib' dein Handy her, ich möchte den Chatverlauf sehen!", bohrte ich weiter.

"Nein, sein Manager hat gesagt, dass ich alle Chatverläufe aufgrund der Privatsphäre löschen muss." Sie ist mir ausgewichen.

Lächerlich! Was war das für ein schlechter Film, der hier gerade ablief?

Anschließend telefonierte ich mit der Frau vom Currywurst-Mann, um Näheres zu erfahren. Sie erzählte mir sinngemäß: "Ja, die beiden haben seit ein paar Wochen oder sogar Monaten Kontakt und schreiben sich mittlerweile ziemlich eindeutige Nachrichten, wie toll sie sich gegenseitig finden und Ähnliches. Deshalb ist er auch nach Las Vegas gefahren, um Annika zu treffen."

Ich konnte es nicht fassen. Das ist doch jetzt nicht wirklich ihr Ernst, oder? Also setzte ich mich an den PC. Ich bin wirklich absolut kein Kontrollfreak, aber das war jetzt einfach notwendig. Ich habe mir also die Einzelverbindungsnachweise von unseren Handys mal genauer angesehen. Meine einzige und gleichzeitig schnellste Möglichkeit, um zu prüfen, ob da wirklich was dran ist.

Tja, hätte ich das mal nicht gemacht. Immer, wenn ich die Kleine ab circa 7:30 Uhr morgens zur Schule gebracht habe, ging zehn Minuten später zuhause das Telefonieren los. Teilweise drei- bis vierstündige Telefonate mit dem Currywurst-Mann. Na das muss ja wichtig gewesen sein, was die beiden zu bereden hatten!

Das hat wirklich weh getan! Es hat sogar so sehr wehgetan, dass das letztendlich der Hauptauslöser für unser Ehe-Aus gewesen ist. Und nicht nur das! Denn Annika war im Übrigen auch der Hauptauslöser für das Scheitern der Ehe zwischen dem Currywurst-Mann und seiner zweiten Ehefrau.

Ich dachte mir:

"Na da haben sich ja zwei Ehe-Betrüger gefunden."

"Bist du mit dem Currywurst-Mann in die Kiste gesprungen?", fragte ich sie ohne eine Bestätigung hören zu wollen.

"Nein, niemals! Der Typ ist peinlich! Wir hatten ehrlich nichts miteinander! Er kann halt toll reden und du hattest wenig Zeit für mich." Sie machte mir Vorwürfe.

Trotzdem! Die Enttäuschung saß natürlich tief. Noch viel mehr, als ich erfahren hatte, dass es eigentlich noch viel krasser war!

Denn es war ja nicht schon schlimm genug, dass ich sie - ohne mein Wissen - sogar noch zu dem Treffen hingefahren habe, wie ein gutgläubiger Vollidiot. Sie konnte natürlich ganz ruhig sein in dem Wissen, dass ich es ja nicht kontrollieren kann. Denn ich habe schließlich ihre kleine Tochter mit einer Gute-Nacht-Geschichte ins Bett gebracht. René war abgelenkt, während Annika sich amüsierte ...

Dass man sich in einem Ehepartner, der einem die Treue vor dem Altar geschworen hat, so sehr täuschen kann, hat mich wirklich fassungslos gemacht. Vor allem nach all dem, was ich für diese Frau durchgestanden und auch aufgegeben habe.

An dieser Stelle will ich wirklich nicht rumjammern, sondern nur noch einmal deutlich machen, dass ich bereit war so ziemlich alles anzustellen, damit die beiden zurück in die USA konnten. Zusätzlich kauften wir ja zuvor noch die Tourfirma, wo ich sie mit 50% als Inhaberin eintrug, obwohl sie keinen einzigen Cent dazu beigetragen hat - aus voller Liebe und gutem Glauben.

Ja, der René hat ein Herz und ist eigentlich ein wirklich netter. Oder doch nur ein gutgläubiger Idiot?

Ich verkaufte Immobilien im Wert von über einer halben Million US-Dollar, um die Visa

Angelegenheit zu klären, nur damit wir endlich wieder zusammen sein können.

Das ist und war der Dank dafür! WOW! In meinen Augen: ein absolutes NoGo!

Aus ihrer Sicht war es ja kein Betrügen, denn sie hat, nach ihrer Version, nicht mit ihm geschlafen. Aber egal, wie es am Ende nun war. Betrug beginnt meines Erachtens nicht erst in der Kiste, sondern schon dann, wenn ich mich in einer laufenden Beziehung oder Ehe jemand anderem als dem Partner hingebe.

Wenn man sich nicht mehr versteht oder den anderen nicht mehr liebt, was ja nun weltweit und auch in den besten Ehen oft genug vorkommt, kann man doch getrennte Wege gehen. Man kann dem anderen ganz ehrlich sagen, dass es nicht mehr passt und man sich scheiden lassen sollte. Tut auch genug weh, aber so eine Nummer hier abzuziehen geht doch einfach nicht ...

Ich bekam allerdings kein Verständnis. Im Gegenteil, denn ihr Vorwurf war noch:
"Du warst ja nie da!"
Ich dachte, ich höre nicht richtig. Ich war nie da?
"Ne sorry, dass ich zehn Stunden im Death Valley mit Kunden unterwegs war oder teilweise zwei bis drei Touren am Tag gefahren bin, um UNSER gemeinsames Leben zu finanzieren", sagte ich und fragte sie außerdem:
"Wer von uns beiden hat denn die Tourfirma gekauft, die richtig Schotter gekostet hat? Wer hat denn das neue Haus für knapp eine halbe Million gekauft, welches unserer Familie ein vernünftiges Zuhause gibt?", wollte ich wissen.

Allein die Kleine hatte drei Zimmer für sich alleine. Ein Schlafzimmer, ein Wohnzimmer mit Couch, TV und ein Spielzimmer.

"Ist das nichts? Kein Beweis dafür, dass ich nur das Beste für uns wollte? Und wer hat denn für zehntausende Dollar den Pool in den Garten bauen lassen, damit wir uns abkühlen können und es uns gut geht? Wer bezahlte denn die Kreuzfahrten, Disneyland, fast jeden Tag Essen gehen oder die Preschool für die Kleine mit mehreren hundert Dollar im Monat?", platzte es einfach aus mir heraus.
Sagen wir mal so: Sie war es nicht. Eher der Idiot, der wie ein bekloppter alle Touren selbst gefahren ist und sich um alles gekümmert hat ...

Im Nachhinein musste ich lernen, dass ich an eine Narzisstin geraten bin und solche Menschen ganz genau wissen, wie sie den Spieß umdrehen, sodass man selbst zum Schluss natürlich der Blöde ist. Wer auch sonst ... Es gehören immer zwei dazu. Logisch! Aber anhand dieser Nummer, darf jeder von euch selbst beurteilen, wer hier in welcher Form die große Scheiße gebaut hat. Ich sage dazu nur Folgendes:

Liebe macht blind und nochmal passiert mir das hoffentlich nicht ...

Für mich persönlich war es eine echt heftige Lehre gewesen. Sie selbst hat leider nicht daraus gelernt und wird immer an genau denselben Punkten scheitern, wie vorher auch schon. Dasselbe gilt im Übrigen auch für den Currywurst-Mann. Woher ich das weiß? Ganz einfach: googelt mal den Begriff "Narzisst".
Logischerweise hätte ich die Notbremse ziehen müssen. Ich hätte sofort sagen müssen: "Bis hierhin und nicht weiter. Schluss!" Und da jeder ja jetzt weiß, wie nachtragend ich bin und dass ich zwar verzeihen, aber nicht vergessen kann, kann man sich auch vorstellen, wie schwer es für mich war, ab diesem Punkt irgendwie weiterzumachen.

Ich bin ganz ehrlich: Das hängt mir hinterher und ich habe bis heute ein Problem damit.

Wahrscheinlich könnte ich mit diesem Thema ein weiteres Buch füllen, aber es würde den Sinn und Zweck dieses Buches, also meines Buches, verfehlen.

Ende vom Lied (oder Leid)

Wir blieben noch ungefähr ein weiteres Jahr nach diesem Vorfall zusammen, aber es wurde nicht besser. Die Grundlage und vorher starke Basis unseres Vertrauens war gebrochen. Um es möglichst kurz zu machen: Sie beschloss, mit der Kleinen, zurück nach Deutschland zu ziehen. Also reichte ich die Scheidung ein und zahlte ihr einen fünfstelligen Betrag aus, den sie für einen Neustart in Deutschland nun gut gebrauchen konnte. Ich dachte mir:

"Ende gut, alles gut."

Tja, auch hier weit gefehlt! Denn letztendlich nahm sie das Geld nicht für einen Neuanfang mit ihrer Tochter. Sie wohnte wieder bei ihren Eltern im Haus, gab die Kleine in deren Obhut, um so oft wie möglich feiern zu gehen. Sie hatte ihre alten Freunde wieder und konnte sozusagen so richtig die Sau rauslassen. Einige Personen aus ihrem engsten Umfeld erkannten sie nicht wieder und waren über ihren neuen Lebensstil wirklich schockiert. So schockiert, dass mich sogar, als Nicht-mehr-Ehemann dieser Frau, solche Nachrichten erreichten:

"René, du glaubst gar nicht, was hier abgeht!" Die ist nur noch am Rumvögeln mit sämtlichen Kerlen und am Wochenende ständig auf Party's!"
"WOW", dachte ich mir. Das war schon hart und hat mich verletzt, obwohl wir bereits getrennt waren. Auch hier musste ich lernen, dass man, nur weil man getrennt ist, nicht gleich keine Gefühle mehr hat.
Aber vielleicht hatte ich ja auch nur eine falsche Vorstellung von einem "Neustart" in Deutschland. Eventuell auch deshalb, weil sie mir am Tag des Rückfluges noch sagte:

"Ich brauche erstmal Zeit für mich, da ich vorher immer von einer Beziehung in die nächste gesprungen bin." Selbst ein Jahr, nachdem die beiden nicht mehr bei mir waren, kam keine Ruhe in mein Leben rein. Abgesehen davon, dass ich in regelmäßigen Abständen aus ihrem Umfeld, ungewollt, via WhatsApp und E-Mail geupdated wurde, was sie so alles anstellte, kontaktierten mich weitere Expartner von ihr und auch ihre besten Freundinnen.

"René, ich muss dir was beichten. Schau' doch mal bitte in deinen Tresor."

Komisch! Woher wusste eine ihrer Freundinnen, dass ich einen Tresor habe? Ja, ich hatte tatsächlich einen Safe, in dem ich einige Wertsachen aufbewahre.

Nachdem ich getan habe, worum sie mich gebeten hat, stellte ich tatsächlich fest: "Es fehlt ein Goldbarren aus meinem Bestand." Die Freundin wusste aus gutem Grund, dass dieser nicht da war.

"Das Gold hat sie hier in Deutschland verkauft und zu Bargeld gemacht. Ich habe den Goldbarren sogar selbst gesehen und nun ein schlechtes Gewissen dir gegenüber, René", sagte die Freundin.

"Bevor Annika aus Las Vegas abgereist ist, hat sie mir erzählt, dass du sie mit ihrer Tochter rausschmeißt und mit nichts zurück nach Deutschland schickst. Daraufhin habe ich ihr geraten, etwas Wertvolles mitzunehmen, also im Endeffekt etwas Gold von dir zu stehlen", gestand sie mir weiter.

BOOM!

Der nächste Schlag, der mich wirklich hart getroffen hat. Abgesehen davon, dass ständig neue Lügengeschichten ans Tageslicht kamen, nun auch noch das.

"Das stimmt doch so gar nicht. Ich habe ihr doch genug Geld für einen Neustart gegeben", klärte ich sie auf.

"Ja, das weiß ich jetzt auch und davon hat sie sich unter anderem ein schickes Cabrio gemietet und die Kohle auf Party's verprasst. Teilweise war ich selbst dabei gewesen und wir haben uns gewundert, woher sie das ganze Geld hat. Jetzt weiß ich es. Es tut mir wirklich leid, René!", gestand sie mir reumütig.

Nett wie ich bin, bat ich meine Ex-Frau erst freundlich, dann zugegeben etwas unfreundlicher, mir den Goldbarren zurück zu beschaffen oder mir den aktuellen Goldwert finanziell zu ersetzen.
"Dann ist die Angelegenheit für mich erledigt", sagte ich ihr. Leider hat sie sich dagegen entschieden.

Mittlerweile bin ich im Besitz von zwei rechtsgültig erlangten Gerichtsbeschlüssen und angehängten Vollstreckungsbescheiden im fünfstelligen Bereich. Wenn ich es möchte, kann oder könnte ich sie irgendwann binnen der nächsten 30 Jahre vollstrecken lassen. Das Besondere daran: Da diese Beschlüsse ihre Begründung in einer Straftat haben, behalten sie selbst bei einer eventuellen Privatinsolvenz weiterhin ihre Gültigkeit.

In Las Vegas nennen wir das: Schlechte Karten!

Ich bin mir sicher, andere haben schönere Andenken an ihre Ehe als solche Dokumente, wie ich sie mittlerweile besitze. Ob ich diesen Trumpf noch ausspielen werde, weiß ich jetzt noch nicht. Um dem Ganzen aber noch einen oben draufzusetzen, gab mir der zuständige Staatsanwalt sinngemäß Folgendes bekannt:

"Das Strafverfahren gegen ... (also Annika) wird eingestellt. Die Beschuldigte wurde bereits wegen ähnlich gelagerten Delikten zu einer erheblichen Strafe rechtskräftig verurteilt!"

Wow! Na das muss man erstmal schaffen! Ich war also nicht der einzige? Und das war mal meine angetraute Ehefrau gewesen? Und jetzt schließt sich auch der Kreis: War sie bereits vor unserer Ehe eine Verbrecherin und hat es mir aus gutem Grund verschwiegen? Die jetzigen Informationen erklären auch den fehlenden Umschlag nach ihrer Rückkehr! War sie schon bei unserer Hochzeit auf Bewährung und hätte gar nicht ins Ausland gedurft? War ihre Vergangenheit der Auslöser, weshalb mein Visum abgelehnt wurde?

Ursprünglich dachte ich eigentlich, ich hätte meine Traumfrau gefunden, wäre im Leben auch privat angekommen und könnte nun einfach nur noch genießen. Doch dann wurde ich in eine Sache reingezogen, die zum Albtraum wurde und die mich beinahe meinen großen American Dream gekostet hätte! Das Ganze nicht einmal, weil ich selbst Scheiße gebaut habe, sondern nur aus Vertrauen zu einem falschen Menschen!

Ganz ehrlich: Scheiß' was auf meine Krebserkrankung vor einigen Jahren ... Die Zeit nach der Trennung war die schlimmste Zeit in meinem Leben!

Beim Krebs wusste ich wenigstens, dass dieser weg ist und brauchte auch keinen weiteren Gedanken mehr daran zu verschwenden. Er fehlte mir nicht. Aber die Nummer hier war nochmal das I-Tüpfelchen gewesen.

Ich bin bestimmt kein Arschloch, aber ich habe eben genug erlebt, um zu dem Entschluss zu kommen, dass ich mir selbst inzwischen aus gutem Grund am wichtigsten bin. Na okay, neben Spike, dem kleinen Stinker.

Okay, das mit dem Arschloch muss ich korrigieren. Doch, vielleicht bin ich manchmal eins. Aber immer nur zu denen, die mir etwas Böses angetan haben oder anhaben wollten.

Diejenigen, die mich kennen, wissen das. Ich vergesse, wie gesagt, niemals!

Und an dieser Stelle nun noch ein großes Dankeschön an Spike!

Denn er war es, der mich dazu motiviert hat, diese Zeit durchzustehen. Ich muss nämlich wirklich zugeben: es ging mir absolut dreckig! Ich hätte niemals im Leben gedacht, dass man jemanden so sehr lieben und natürlich auch vermissen kann!
Mit jeder neuen Information, die mir zugetragen wurde, jedem Moment, wo ich einfach mal jemanden zum Quatschen gebraucht hätte, wurde mir wieder ins Herz gestochen. Auch wenn ich stark bin und alles parallel stemmte, als sei es selbstverständlich - es hat mich einfach komplett aus der Bahn geworfen. Wäre Spike also nicht gewesen, hätte ich mir vielleicht sogar etwas angetan. Ich weiß es nicht ...
Deshalb bin ich so glücklich, diesen kleinen Stinker in meinem Leben zu haben, denn ohne ein Wort zu sagen, hat er meines irgendwie gerettet.

Auch wenn du es nie lesen wirst: Ich danke dir aus ganzem Herzen Spike!

Es bleibt nur noch zu sagen: "Time to say Goodbye, Annika!"

MEIN NEUBEGINN

Ein neues Projekt und die perfekte Ablenkung

Kurz bevor mein Leben wie ein Kartenhaus zusammenbrach, planten Freunde von mir in Las Vegas, ihre gut laufende Firma zu verkaufen. Ursprünglich wollte ich die Firma noch mit meiner damaligen Ehefrau kaufen, aber der Verkaufsprozess hat sich dann doch noch um ein Jahr verzögert. Bis dahin hatte es sich mit meiner nun Ex-Frau und einer weiteren Geschäftspartnerin glücklicherweise erledigt. Aber jetzt, nach der Trennung, war der Zeitpunkt gekommen. Die Ablenkung kam mir absolut gelegen, das Konzept überzeugte mich von der ersten Sekunde und da ich super gerne arbeite, war ich natürlich sofort dabei.

Worum es bei dem Business geht, erkläre ich euch ganz einfach: Die Firma ist Broker zwischen den USA, Asien und Europa. Sie ist darauf spezialisiert, abgekündigte, also schwer beschaffbare Bauteile für die Industrie zu besorgen. Die Palette reicht von Mikrochips, Kondensatoren bis hin zu Leiterplatten und vielem mehr. Dieses Business umfasst mehrere Millionen Bauteile.

An dieser Stelle fragt sich der ein oder andere natürlich zurecht: "Was will René mit noch einer Firma, ist der irgendwie geldgeil?" Meine klare und ehrliche Antwort dazu lautet:

"JA, das bin ich!"

Alles andere wäre gelogen. Und ich bin mir sicher, dass es noch vielen anderen so geht. Es gibt halt nur nicht jeder zu.

Viel wichtiger ist aber: Ich bin auch bereit, jede Menge dafür zu tun und das sind andere wiederum nicht. Angefangen vom Investmentrisiko, bis hin zu einer Menge Arbeit.

Und so war ich natürlich auch bei diesem neuen Projekt völlig übermotiviert. Ich wollte direkt einsteigen und alles selbst machen - ohne Hilfe. So wie ich es schon immer gemacht habe. Das würde zwar viel Arbeit für mich bedeuten, aber auch gleichzeitig wenigstens die ganze Kohle. Doch selbst die vorherigen Eigentümer haben mich skeptisch angesehen und gesagt:

"Wie willst du das denn hinkriegen, René? Das geht nicht alleine."

Denn diese Firma arbeitet nicht nur in den USA, sondern vor allem mit Europa zusammen. Durch die neunstündige Zeitverschiebung und meine weitere Firma "Treasure Tours of Nevada", würde das bedeuten, dass ich eigentlich rund um die Uhr arbeiten oder mich am Besten zweiteilen müsste.

Glücklicherweise, das kann ich aus heutiger Sicht so sagen, kam damals eine sehr gute Freundschaft auf mich zu und schlug mir Folgendes vor:

"René, lass uns doch das Geschäft gemeinsam kaufen und neu aufziehen!"

"Nein, ich brauche das Geld komplett. Einfach um die Lücken, die Annika reingerissen hat, wieder aufzufüllen", kam reflexartig aus mir heraus.

Schließlich hat die Frau mich nicht nur emotional viel gekostet, sondern auch finanziell.

"Alles schön und gut, aber du wirst das alleine nicht hinkriegen. Wenn du morgens um vier Uhr aufstehst, mit Deutschland telefonierst, um acht Uhr anfängst Touren zu

fahren, dann wiederum 16 Uhr zuhause bist und anfängst mit Asien zu arbeiten - wie lange willst du das durchhalten?"
Das hat mir irgendwie tatsächlich die Augen geöffnet und heute kann ich sagen, dass ich super glücklich über die damalige Hartnäckigkeit meiner heutigen Geschäftspartnerin bin. Wir einigten uns also dieses Business gemeinsam zu kaufen und jeweils 50:50 Partner zu werden. Und so kam es dazu, dass ich die erste Firma in meinem Leben erworben hatte, die nicht mir alleine gehört.

Naja, Treasure Tours gehörte mir auch nicht allein, aber ich finanzierte es immerhin komplett selbst und war ja auch trotzdem auf mich allein gestellt.

Gleichzeitig war es jedoch eine meiner allerbesten Entscheidungen ever! Ich hatte zwar in meinem geschäftlichen Leben bisher schon einige Male den richtigen Riecher, aber das was hier kommen sollte, hätte keiner von uns nur ansatzweise ahnen können. Wie traumhaft sich diese Firma und auch die Zusammenarbeit mit meiner in Deutschland ansässigen Partnerin entwickeln würde, ist schlichtweg der Wahnsinn. Und wenn ich Wahnsinn sage, dann meine ich das genau so.

Was ich eigentlich den ganzen Tag neben den Las Vegas Touren so treibe, wissen wohl nicht mal meine Follower.

Wir haben die Firma zum Jahreswechsel 2019/2020 übernommen. Ich hatte zwar schon vorher mit Elektronik zu tun, aber das hier ist anders. Es handelt sich ja schließlich nicht um Haushalts- und Unterhaltungselektronik, wie ich es aus Berliner Zeiten gewohnt war. Hier besteht die große Kunst darin, kleine Bauteile weltweit ausfindig zu machen. Das ist schon eine ganz andere Nummer.
Anfang Dezember ist der Zeitpunkt, wo in Las Vegas touristenmäßig am wenigsten los ist. Meine Geschäftspart-

nerin kam also nach Vegas und wir wurden zusammen eine Woche lang in das uns neue Business eingearbeitet.
Ich habe absolut kein Problem damit, bis spät in die Nacht zu arbeiten. Mit dem frühen Aufstehen aber schon. In der Einarbeitungsphase musste ich jedoch um drei Uhr morgens raus aus dem Bett, mich um die neue Firma kümmern und danach Touren fahren. Am Ende war ich einfach platt!
Das konnte ich nicht lange durchziehen und bin daher heilfroh, dass meine Geschäftspartnerin mich vor diesem Schicksal und auch meinen Schlaf gerettet hat. Die Sache an sich war für uns beide dennoch absolutes Neuland. Wir starteten pünktlich und voller Eifer am 2. Januar 2020 mit unserem neuen Business. Nach dreieinhalb Wochen vollem Einsatz geschah der absolute SUPERGAU: In China brach das Coronavirus aus und unser Team in Asien durfte nicht mehr zur Arbeit. Schlagartig konnten wir keine Artikel mehr bestellen, geschweige denn versenden. Einen "besseren" Start hätte es ja wohl nicht geben können.
"Das kann doch nicht wahr sein. Genau da, wo die meisten Teile nunmal herkommen, aus China, herrscht nun Ausgangssperre? Wurden wir hier etwa verarscht?", stieß es uns irgendwie ganz schön sauer auf. Sowas gab es ja noch nie!
Zu dem Zeitpunkt war in Europa und Amerika noch gar nicht dran zu denken. Was sich letztendlich aus der ganzen Corona-Geschichte entwickelt hat und welche Auswirkungen daraus noch folgen sollten, brauche ich hier wohl nicht weiter zu erwähnen.
Nun standen wir aber da. Wir hatten ein paar hunderttausend Dollar für eine Firma ausgegeben und dann beginnt hier eine Pandemie! Kurze Zeit später ging es auch in den USA und auf der ganzen Welt los. Schon wieder stand ich an dem Punkt, wie schon zu Anfang meiner Selbstständigkeit in Deutschland, dass ich Vollgas geben wollte, aber gebremst

wurde. Damals waren es Abmahnungen und nun ein Virus. "Das kann es doch echt nicht sein!", dachte ich mir. Corona breitete sich erst in New York, anschließend in Los Angeles und letztendlich in Las Vegas aus. Mitte März 2020 wurden die Einschränkungen und der Lockdown schließlich auch in Las Vegas durchgesetzt. Als das eintraf, dachten wir natürlich: "Das ist jetzt das Schlimmste, was hätte passieren können! In Asien passiert nix, hier können wir nichts machen und in Deutschland nimmt das Ganze nun auch Fahrt auf!"

Neben den Liefer- und Bestellproblemen der nun neuen Firma fielen mir natürlich auch sämtliche Einnahmen von Treasure Tours weg. Keine Touristen bedeutet auch gleichzeitig keine Touren. Keine Touren heißt übersetzt: Kein Geld!

Ich habe mal wieder einen Batzen Geld investiert und gleichzeitig kommt auf der anderen Seite keine Kohle mehr rein. Da braucht man auch kein BWL studiert zu haben, um auszurechnen, dass das nicht lange gut gehen würde. Mein Konto war zwar noch gut gefüllt, aber die Situation konnte weder ich noch irgendein anderer einschätzen.

Von drei Standbeinen, brachen mir nun zwei binnen weniger Wochen komplett weg. Ehrlich gesagt machte ich mir darüber auch keine großen Gedanken, denn wer hätte am Anfang der Pandemie schon gedacht, dass Corona uns mehrere Jahre in Atem hält.

Mein neues Hobby

So schlimm es klingt: Im Nachhinein gesehen kann ich sagen, dass ich in Sachen Corona auf der Seite der Gewinner stehe. Natürlich sind mir die gesundheitlichen und alle anderen Auswirkungen sehr wohl bewusst. Aber rein aus geschäftlicher und auch persönlicher Sicht, hätte mir nichts Besseres passieren können.

Es war soweit: Auch in Las Vegas ist der Lockdown angekommen. Ehrlich gesagt war ich absolut schockiert, dass es tatsächlich so weit kam und auch in Las Vegas einfach alles geschlossen wurde. Am Tag des Lockdowns habe ich dazu ein Video auf Instagram hochgeladen, um diesen Moment festzuhalten. Dieses Video hat wiederum so die Runde gemacht, dass sogar am selben Abend noch eine Kooperation mit Pro 7 zustande kam. Das Kamerateam wollte gleich am nächsten Tag zu mir kommen und eine Story über den Lockdown in Las Vegas drehen. Ich war etwas überfordert wegen der neuen Regelungen und sagte:

"Es gehen gar keine Flüge."

"Kein Problem, wir kommen mit einem Kamerateam aus Los Angeles", war die zuversichtliche Antwort.

"Aber wir können ja nicht hier einfach draußen durch Las Vegas rumlaufen, es ist Lockdown und die Leute sollen zuhause bleiben", sagte ich.

"Wir sind von der Presse. Selbst wenn bei irgendeinem Promi das Haus gerade abbrennt, dürften wir daneben stehen und filmen, solange wir niemanden dabei behindern", überraschte mich mein Kontakt.

"Okay, na dann kommt her", sagte ich kurzerhand. Gesagt, getan.

Das Kamerateam traf tatsächlich am nächsten Tag bei mir ein und wir haben das komplett leergefegte Las Vegas gefilmt. Die Hoteltüren konnten nicht abgeschlossen werden, da sie 24/7 und das ganze Jahr über offen sind. Die Hotel- und Casino-Türen haben einfach keine Schlösser, weshalb sie notdürftig mit Vorhängeschlössern, Ketten und Brettern gesichert wurden. In den Hotels selbst war weiterhin Festbeleuchtung an, denn das Hotelpersonal konnte die Lichtschalter nicht finden. Es war ja noch nie notwendig, das Licht mal auszuschalten.

Und so entstand die wohl berühmteste und verrückteste TV-Szene von mir auf Pro 7 bei taff: Ich stand ganz alleine beim Paris-Hotel am Wendekreis beim Arc de Triomphe, im Hotel lief die Vollbeleuchtung munter weiter und im Hintergrund spielte die Musik wie beim Untergang der Titanic. Und das sah nicht nur etwas nach Weltuntergang aus, es fühlte sich auch haargenau so an. Die Stimmung war ganz merkwürdig. Nach dem Motto: Das Schiff ist am sinken und die Musik spielt munter bis zum Schluss weiter.

Das Video hat solche Wellen geschlagen, dass daraufhin die BILD-Zeitung auf mich zukam, Pro 7 "taff" eine Wiederholungssendung gedreht hat und ich anfing regelmäßig Livestreams aus Las Vegas zu starten. Schließlich hatte ich ja jetzt endlich mal Zeit für solche Spielereien. Wann hätte ich es vorher machen sollen?

Auf diese Weise war mir wenigstens nicht langweilig, ich konnte meine USA-Fans etwas ablenken und jeden, der Interesse hatte, über Neuigkeiten aus Las Vegas informieren. Ohne die Pandemie hätte ich niemals diese verrückte Aufmerksamkeit durch Social Media bekommen und letztendlich wohl auch nicht durch's TV. Denn bis dahin hatte ich auch keine Ahnung von Livestream, YouTube und diesem ganzen Theater.

Irgendwann war es dann sogar so weit, dass mich die Zuschauer angeschrieben und gebeten haben, dieses oder jenes aus Las Vegas zu zeigen. Denn auch die Leute in Deutschland saßen zuhause, haben sich gelangweilt und ihren geliebten USA-Urlaub vermisst. Deshalb dachte ich mir:

"Das kann so nicht bleiben. Ich muss etwas Las Vegas in die deutschsprachigen Wohnzimmer bringen."

Und so kam ich zu meiner Livestream-Karriere mit Einschaltquoten von teilweise mehreren hundert Zuschauern und einige Male sogar mehreren tausend.

Ob ich damit Geld verdiene? Ein ganz klares: Jaein! Darum ging es mir bei diesem Projekt nie. Ich bekomme weder von Facebook noch Instagram Geld und mache auch keine Spendenaufrufe, in denen ich um irgendwelche Coins bitte. Über YouTube kommt inzwischen mal bisschen etwas durch die Werbeeinnahmen rein, was aber nicht der Rede wert ist bzw. von dem ich auf keinen Fall leben kann.

Es ist für mich eher ein Spaßprojekt, etwas, das ich einfach gerne mache und das gleichzeitig kostenlose Werbung für meine Tour-Firma ist. Zu dem Zeitpunkt hätte ja auch niemand geahnt, dass die Grenzen zwischen Deutschland und den USA für unglaubliche 18 Monate geschlossen bleiben! Hätte mir das jemand vorher gesagt, hätte ich ihm das niemals geglaubt! Meine Tour-Firma hatte also in diesen 18 Monaten gerade einmal eine Handvoll Besucher. Wäre das mein einziges Standbein, wäre ich wohl weg vom Fenster und es gäbe keine "René Meinert Facebook Fangruppe" mehr.

Nach anderthalb Jahren kam dann endlich die erlösende Nachricht: "Europäer dürfen wieder in die USA einreisen!"

Doch wer jetzt mit dem großen Ansturm gerechnet hat - Fehlanzeige! Die Zahlen fielen zu Beginn recht mau aus. Sicherlich auch wegen der vielen Bedenken:
"Was ist, wenn doch was passiert? Wie funktioniert das eigentlich? Welchen Impfstatus brauche ich? Was ist, wenn die Grenzen doch nochmal schließen?"

Deshalb kam wohl der richtig große Ansturm erst wieder im darauffolgenden Frühjahr. Und damit wurde dieser Zeitraum auch der erfolgreichste in der ganzen Geschichte der Treasure Tours of Nevada Firma.

Doch dafür bin ich nicht alleine verantwortlich. Denn die Pandemiezeit hatte noch einen weiteren Vorteil für mich: Ich konnte viel mehr Zeit mit Spike verbringen! Und die haben wir auch wirklich ausgiebig genutzt. Das war mir ganz wichtig gewesen, denn wie ich bereits schon einmal erwähnt habe, ist dieser kleine Schlumpf ein ziemlich wichtiger Bestandteil meines Lebens. Ich würde es auch nicht mehr zurückdrehen wollen.

Schon vor der Pandemie hatte ich geplant, viel mehr Touren durch meine Mitarbeiter fahren zu lassen, was ich dann nach der Pandemie auch so umgesetzt habe. Einen Nachteil hat die Streaming-Geschichte jedoch schon: Viele Menschen, die mich aus den Streams kennen, wollen natürlich auch mal mit mir mitfahren und sind dann teilweise enttäuscht, dass ich bei einer normalen Stadtrundfahrt nicht am Steuer sitze.

Früher wäre das auch möglich gewesen, denn da bin ich von 325 Touren im Jahr, 300 selbst gefahren. Selfmade eben. Meine Prioritäten haben sich jedoch geändert und ich bin mir ganz sicher, dass meine Angestellten es genauso gut hinbekommen, wie ich. Naja vielleicht nicht ganz so gut, aber annähernd ... Spaß muss sein!

Damals war es also nicht schwer, eine Tour mit mir zu erwischen. Doch während meine Gäste und Kunden sich gefreut haben, habe ich lernen müssen, dass das für ein Zusammenleben mit dem Partner nicht unbedingt gut ist. Denn, wenn ich nach Hause kam, waren da die Erwartungen:
"Wollen wir was essen gehen oder ins Kino?"
Mir war einfach nur nach pennen, denn ich hatte schließlich den Tag bereits hinter mir.

Das Thema ist inzwischen Geschichte, aber Spike und mein Privatleben nicht. Deshalb erwischt man mich heute meist nur noch auf VIP- oder der AREA51-Tour, einer meiner Lieblingstouren.

Ein Artikel der Redakteurin Simone Vollmer in der FREIZEIT REVUE

Ich habe inzwischen ganz einfach drei Firmen zu managen und kann mich nicht teilen. Als Geschäftsmann ist es meine Aufgabe, dass alle Firmen vernünftig laufen und sich die Zeit, die ich investiere auch für mich rentiert. Alle meine Firmen sind auf ihre Weise toll und ich hoffe, dass ich jeder Firma mit meinem Wissen und Fleiß gerecht werde.

Ende gut, alles gut: Nun bin ich Multi-Millionär

Nach einem steinigen, aber dennoch recht erfolgreichen Werdegang in Berlin, bin ich sozusagen schon als Millionär in die USA ausgewandert. Mein Ziel war es, eine Million zu haben und das habe ich mit 34 Jahren erreicht. Wichtig dabei ist, falls ich es noch nicht oft genug erwähnt habe: Ich habe das allein geschafft. Also nix mit Erbe, Aktien, Gewinn oder dergleichen. Arbeit, Arbeit, Arbeit und die richtigen Entscheidungen im richtigen Moment treffen.

Mein ursprüngliches Ziel, mit Mitte 30 in den Vorruhestand zu gehen, hat so ziemlich genau zwei Jahre angehalten, um dann erneut Anlauf auf das nächste Ziel zu nehmen.

Die Frage, die ich mir aktuell immer wieder stelle, ist jedoch folgende: Wann ist Schluss?

Habe ich alles erreicht, was ich wollte? Gute Frage. Ich würde sagen nein. Habe ich das erreicht, was ich immer werden wollte - finanziell unabhängig zu sein? Dazu ein eindeutiges: JA, das habe ich erreicht!
Ich arbeite zwar daran, noch mehr Puffer anzulegen, denn Geld kann man, meiner Meinung nach, nie genug haben. Aber wenn ich ehrlich bin und das bin ich immer, dann kann ich eigentlich schon einen Haken dran setzen und bis zu meinem Lebensende ganz gut damit auskommen. Die grundlegende Frage ist, möchte ich das?
Ich bin mein ganzes Leben bisher selbstständig gewesen und irgendwie ist es so eine innere Unruhe. Ich kann einfach nicht still herumsitzen und habe noch einige wirklich tolle Geschäftsideen in petto. Wie viele davon und, ob überhaupt

ich welche davon umsetzen werde, weiß ich noch nicht. Müssen tu ich es ja nicht, die Frage ist: Hab' ich Lust darauf?

Aktuell fehlt mir die Zeit dazu und andere Dinge laufen zu gut, sodass ich mir darüber nicht ernsthaft Gedanken machen muss. Andererseits wird man ja auch nicht jünger. Ihr merkt schon, da sind wir wieder an dem Punkt: Angekommen - ja oder nein? Wer weiß das schon ...

Zumindest eines steht schon so gut wie fest: Das Ende.

Nein, ich plane nicht meinen eigenen Tod, sondern schon die Zeit davor ... Lest aber unbedingt bis zum Ende, um wirklich zu verstehen, was ich damit meine.

Nachdem ihr meine Geschichte nun gelesen habt und den Weg mit mir gegangen seid, könnt ihr sicherlich nachvollziehen, dass ich den Menschen nicht unbedingt für das tollste Lebewesen auf Erden halte. Auch wenn es sich hart anhört, aber es ist einfach so!

Nicht nur, was meine Erfahrungen angeht, sondern wenn wir uns mal umschauen, was um uns herum passiert: Was Menschen alles anstellen und vor allem auch anderen Menschen oder auch der Natur antun, ist schon echt heftig, finde ich. Denke ihr wisst, was ich meine ... Ich bin zwar gerne mit meinen Kunden auf Touren unterwegs, habe auch hier und da meinen Spaß, es entstehen neue Bekanntschaften und sogar auch die ein oder andere Freundschaft, aber das ändert trotzdem nichts an meiner Einstellung, den Menschen gegenüber.

Es gibt eine besonders schlimme Kombination: Mensch und Geld.

Geld ist die schlimmste Droge auf Erden. Menschen tun dafür einfach alles und sind teilweise bereit, dafür über Leichen zu gehen. Seien es Überfälle, Morde, Betrug usw. Das passiert jeden Tag tausendfach wegen einem Stück Papier oder einer Zahl auf dem Bildschirm. Aus diesem Grund habe ich null Vertrauen zu egal welchem Menschen mehr!

Und dieser Grundgedanke, ob der nun richtig sein mag oder nicht, führt mich zu meinem gewünschten Endziel: Ein Grundstück, egal in welchem Land, egal auf welchem Kontinent mit einem großen Zaun oder einer Mauer, ca. 20 Minuten von irgendeiner Stadt entfernt. Hinten dran ein Wald, wo ich auch mal Holz hacken könnte, ein kleiner Fluss der durchfließt, eine Solaranlage auf dem Dach und alles halt so, dass mir keiner auf den Geist geht, um es mal ganz deutlich zu sagen. Mit mir zusammen dann zahlreiche Tiere, wie beispielsweise ein Pferd, Esel, ein bis zwei Hunde, Gänse oder Ähnliches. Und dann heißt es: GENIEßEN!

Das Ganze dann am besten noch ohne irgendwelche behördlichen Auflagen oder absurden Regeln. Damit meine ich: also keine GEMA, GEZ, CO_2-geprüfte Schornsteine oder sonstiges Gedöns. Auf gut Deutsch:

Ich will meine Ruhe und ich lasse auch jeden in Ruhe!

Ob das alles wirklich wahr werden wird, weiß ich nicht. Ob es was Gutes ist, weiß ich auch nicht, da ich es noch nicht ausprobiert habe.
Es kann genauso gut sein, dass es mir schon nach kurzer Zeit super langweilig wird und ich weiß auch nicht, ob ich das Ziel alleine oder mit einer Partnerin erreichen werde oder überhaupt will. Aber zumindest ist es ein Ziel, dass ich grob ins Auge gefasst habe. Möglicherweise arbeite ich einfach auch so viel, bis ich eines Tages tot umfalle.

Aber selbst das wäre okay, denn ich habe alles gemacht, was ich wollte.

Der Vorteil am Tod ist ja auch der, dass man sich danach nicht mehr ärgern kann, irgendetwas nicht gemacht zu haben. Denn ich kann ja nicht zurückdenken und sagen "Ach, das hätte ich noch gerne zehn Jahre gemacht."

Die Arbeit und Spike stehen für mich derzeit an allererster Stelle! Denn ohne meine Leistung sowie meinen besten Freund, würde ich heute nicht mit meinem Hintern in einem schicken Haus sitzen und in der geilsten Stadt ever leben.

Das Schlussplädoyer

"Geld ist nicht wichtig bzw. nicht alles im Leben." - Ja ne, ist klar! Diesen oder ähnliche Sprüche durfte ich mir mein ganzes Leben anhören.

Interessant dabei ist: Meistens von denjenigen, die kein Geld bzw. selbst nichts im Leben erreicht haben.

Aus diesem Grund gebe ich denjenigen, die das Buch bis zum Ende durchgelesen haben, folgende Ratschläge, die ich selbst befolgt habe, um das zu erreichen, wo ich heute bin:

1. **Setze dir ein Ziel.** Schreibe es auf, mache dir einen Bilderrahmen fertig, sodass du es täglich vor Augen hast und dann geh deinen Weg. Du hast verdammt nochmal nur dieses eine Leben, also nutze die Chance. Sie ist wirklich ein Geschenk und du musst nur danach greifen.
2. **Orientiere dich an Menschen, die erfolgreich sind** oder es zu etwas gebracht haben. Dabei spielt es keine Rolle, ob derjenige Millionär ist oder nicht. Erfolg kann auch anders aussehen. Sei es beruflich oder privat. Je nachdem, was du dir für Ziele gesetzt hast.
3. Ganz, ganz wichtig: **Höre nicht auf Loser** bzw. Personen, die nur dummes Zeug labern und nichts im Leben selber erreicht haben! Derjenige möchte dir einen Ratschlag geben, wie du es richtig zu machen hast? Glaube mir, das funktioniert nicht. Denn sonst wäre diese Person bereits erfolgreich ...

4. **Denke immer daran, woher du kommst!** Nimm nicht alles als selbstverständlich, denn das ist es nicht. Selbst die Freiheit ist nicht selbstverständlich!

5. **Sei ehrlich zu dir sowie jedem anderen.** Belüge und betrüge weder dich noch dein Umfeld oder überhaupt irgendwen. Es klappt auch auf seriöse Art und Weise.

Ich bin immer bereit gewesen, alles dafür zu geben, um da zu sein, wo ich gerade bin. Geld bedeutet einfach Spaß zu haben, wann und wo immer ich es möchte. Es bietet mir fast unendliche Möglichkeiten und beruhigt zudem die Nerven. Knallhart gesagt: Es ist ein entspannteres Leben. Wer das Gegenteil behauptet, LÜGT!

Bin ich dadurch ein besserer oder besonderer Mensch? Nein! Natürlich nicht! Ich bin immer noch derselbe René aus Berlin. Bin ich trotz des Geldes ein sparsamer Mensch: Ja. Manchmal sogar so sparsam, dass Freunde zu mir sagen: "Ey René, du hast das doch gar nicht nötig." Aber genau da liegt der (Schweine-)hund begraben. Da ist immer diese Stimme im Hinterstübchen, die mir sagt: "Schaue zurück, woher du kommst. Hat man dir die jetzige Situation geschenkt oder haste dafür gearbeitet?"

Ich fahre auch noch meinen KIA mit 200.000 km Laufleistung. Und ja, ich fahre auch noch selber Touren, obwohl Freunde in meinem Umfeld sagen: "Warum tust du dir das noch an? Es steht doch in keinem Verhältnis mehr, wenn du bei einer Tour einige hundert Dollar verdienst, aber gleichzeitig mit anderen Dingen viel mehr Geld machen kannst."

Unrecht haben sie ja nicht, aber es macht mir eben einfach Spaß. Ich habe Freude an meiner Arbeit als Tourguide und deshalb mache ich das, solange ich Bock darauf habe.

Und ganz ehrlich: Was gibt es geileres, als einen Job zu haben, der einem noch Spaß macht?

So, ich denke wir haben es dann wohl gemeinsam geschafft ...

Danke an euch, dass ihr euch die Zeit genommen habt, meine ganz besondere Lebensgeschichte zu lesen. Ich hoffe, mein Buch hat euch gefallen und ihr könnt daraus einen Mehrwert für euch selbst oder eure Liebsten ziehen. Und wer weiß: Eventuell hat es euch ja soweit motiviert, dass ihr jetzt noch engagierter an eure ganz eigene Erfolgsgeschichte herangeht. Falls das der Fall ist, drücke ich euch ganz fest die Daumen.

Wenn ihr wollt, sehen wir uns ja vielleicht irgendwann, irgendwo in Las Vegas? Aber eins auf jeden Fall: Bis demnächst in diesem Theater.

Liebe Grüße,
Euer René

Las Vegas im Herbst 2023

P.S. Empfehlt das Buch weiter, wenn es euch gefallen hat. Danke!